YAA-HOO!BÜCHER

OSHO

DER VOLLKOMMENE WEG

Zehn Diskurse von Osho im ersten Meditations-Camp, das in seiner Anwesenheit in Rajasthan, Indien abgehalten wurde.

3. – 8. Juni 1964

YAA-HOO! BÜCHER

Titel der englischen Originalausgabe:
The Perfect Way, by Osho

Printed in Germany

Deutsche Übersetzung: Chetan Sufi
und Anand Tushir
Gestaltung: Nirvikar
Satz: YAA-HOO! DESIGN
Herstellung: Clausen & Bosse, Leck

ISBN 3-909910-00-9

Inhalt

OSHO

DER VOLLKOMMENE WEG

Zehn Diskurse von Osho im ersten
Meditations-Camp, das in seiner Anwesenheit
in Rajasthan, Indien abgehalten wurde.

3. – 8. Juni 1964

YAA-HOO! BÜCHER

Titel der englischen Originalausgabe:
The Perfect Way, by Osho

Printed in Germany

Deutsche Übersetzung: Chetan Sufi
und Anand Tushir
Gestaltung: Nirvikar
Satz: YAA-HOO!DESIGN
Herstellung: Clausen & Bosse, Leck

ISBN 3-909910-00-9

Inhalt

Der Willkommensgruß

Ich sehe den Menschen von tiefer Dunkelheit umhüllt. Er ist wie ein Haus, dessen Lampe in einer dunklen Nacht ausgeblasen wurde. Etwas ist in ihm erloschen. Aber eine Lampe, die erloschen ist, kann wieder angezündet werden.

Ich sehe auch, daß der Mensch jegliche Richtung verloren hat. Er ist wie ein Boot, das auf hoher See die Orientierung verloren hat. Er hat vergessen, wohin er gehen und was er sein möchte. Aber die Erinnerung an das, was er vergessen hat, kann in ihm wiedererweckt werden.

Und wenn auch Dunkelheit herrscht, braucht er nicht zu verzweifeln. Je tiefer die Dunkelheit, desto näher die Morgendämmerung. Ich sehe eine spirituelle Erneuerung für die ganze Welt bevorstehen. Ein neuer Mensch ist im Begriff, geboren zu werden, und wir befinden uns in seinen Geburtswehen. Aber diese Erneuerung benötigt unser aller Unterstützung. Sie muß durch uns passieren, und durch niemanden als uns. Wir können es uns nicht leisten, bloße Zuschauer zu sein. Wir müssen uns alle in uns selbst auf diese Wiedergeburt vorbereiten.

Die Ankunft dieses neuen Tages, dieser Morgendämmerung, kann nur stattfinden, wenn wir uns selbst mit Licht füllen. Es liegt an uns, diese Möglichkeit Wirklichkeit werden zu lassen. Wir alle sind Bausteine im Gebäude der Zukunft, und wir sind die Lichtstrahlen, aus denen die zukünftige Sonne geboren wird. Wir sind Schöpfer, nicht nur Zuschauer. Und nicht nur die Zukunft muß erschaffen werden, schon die Gegenwart müssen wir erschaffen, uns selbst müssen wir erschaffen. Der Mensch erschafft die Menschheit, indem er sich selbst erschafft. Das Individuum ist der Baustein der Gesellschaft, und sowohl Evolution als auch Revolution können nur durch ihn geschehen. Ihr seid diese Bausteine.

Darum möchte ich euch aufrufen. Ich möchte euch aus eurem Schlummer erwecken. Seht ihr nicht, daß euer Leben völlig bedeutungslos, nutzlos und absolut langweilig geworden ist? Das Leben hat jegliche Bedeutung, jeglichen Sinn verloren. Aber das ist verständlich. Ohne Licht im menschlichen Herzen kann es auch keinen Sinn in seinem Leben geben. Ohne Licht in seinem inneren Wesen kann es keine Freude in seinem Leben geben.

Daß wir uns heute tatsächlich überflüssig und überladen fühlen, liegt nicht daran, daß das Leben an sich nutzlos wäre. Das Leben ist eine unendliche Erfüllung. Wir haben jedoch den Pfad vergessen, der zu dieser Bestimmung, zu dieser Erfüllung führt. Wir existieren einfach nur und haben nichts mit dem Leben zu tun. Das ist kein Leben, es ist nur ein Warten auf den Tod. Und wie könnte das Warten auf den Tod anders als langweilig sein? Wie könnte es eine Freude sein?

Ich bin hierhergekommen, um euch folgendes zu sagen: Es gibt einen Weg, aus diesem Alptraum zu erwachen, den ihr fälschlicherweise für das Leben gehalten habt. Der Pfad hat schon immer existiert. Der Pfad, der aus der Dunkelheit heraus ins Licht führt, ist ewig. Er existiert mit Gewißheit, nur haben wir unser Gesicht von ihm abgewandt.

Ich möchte, daß ihr euch ihm wieder zuwendet. Dieser Weg ist *Dharma,* Religion. Es ist das Mittel, wieder Licht anzuzünden im Menschen; es gibt dem dahintreibenden Boot des Menschen eine Richtung. Mahaviras Botschaft für jene, die vom schnellen Strom der Welt mit seinem Alter und seinem Tod hinweggetragen werden, besagt, daß Religion die einzige sichere Insel, der Anker, die Bestimmung und die Zuflucht sei.

Dürstet euch nach dem Licht, das das Leben mit Freude erfüllt? Möchtet ihr zur Wahrheit gelangen, die dem Menschen Unsterblichkeit verleiht? Wenn ja, lade ich euch ein. Nehmt meine Einladung an – zur Freude, zum Licht, zur Unsterblichkeit. Öffnet einfach die Augen, und schon lebt ihr in einer neuen Welt des Lichtes. Ihr braucht nichts weiter zu tun, als die Augen zu öffnen. Ihr braucht nur aufzuwachen und zu schauen.

Nichts im Menschen ist wirklich ausgelöscht worden, noch hat er wirklich die Richtung verloren; aber solange seine Augen geschlossen bleiben, breitet sich die Dunkelheit überallhin aus, und jeglicher Orientierungssinn geht verloren. Indem der Mensch die Augen schließt, verliert er alles; indem er sie öffnet, wird er zum König.

Ich rufe euch an, um euch aus eurem Traum des Untergangs zur Majestät eines Kaisers zu erwecken. Ich möchte eure Niederlage in einen Sieg, eure Dunkelheit in Licht, euren Tod in Unsterblichkeit verwandeln. Seid ihr bereit, euch mit mir auf diese Reise zu begeben?

Bevor wir uns an die Arbeit machen, bitte ich euch, meine Liebe entgegenzunehmen. Sie ist das einzige, womit ich euch willkommen heißen kann in der Einsamkeit und Abgeschiedenheit dieser Hügel. Das ist alles, was ich euch zu geben habe. Ich möchte die grenzenlose Liebe mit euch teilen, mit der mich die Gegenwart Gottes erfüllt hat. Ich möchte sie austeilen. Und das Wunderbare daran ist, daß sie um so mehr wächst, je mehr ich sie teile! Wahrer Reichtum nimmt mit dem Teilen zu; ein Reichtum, der abnimmt, wenn man ihn teilt, ist kein wahrer Reichtum. Könnt ihr also meine Liebe akzeptieren? Ich sehe in euren Augen, wie ihr sie annehmt und sie fließen voller Erwiderung der Liebe über.

Liebe erzeugt Liebe, und Haß erzeugt Haß. Was immer wir geben, wird mit gleicher Münze heimgezahlt. Das ist ein ewiges Gesetz. Darum sollt ihr der Welt auch das geben, was ihr euch wünscht. Ihr könnt keine Blumen gegen Dornen eintauschen.

Ich sehe Blumen der Liebe und des Friedens in euren Augen aufblühen, und ich bin zutiefst erfreut. Es sind jetzt nicht mehr so viele unterschiedliche Menschen hier. Liebe vereint und verwandelt die vielen in eins. Die physischen Körper sind zwar voneinander getrennt und werden es auch bleiben; es gibt aber etwas hinter diesen Körpern, das die Menschen zusammenbringt und sie in Liebe vereint. Erst wenn diese Einheit erlangt worden ist, kann überhaupt etwas gesagt und verstanden werden. Verständigung ist nur in Liebe möglich – allein in Liebe.

Wir sind an diesem einsamen Ort zusammengekommen, damit ich euch etwas mitteilen kann und damit ihr mir zuhören könnt. Dieses Mitteilen und dieses Zuhören ist nur auf der Ebene der Liebe möglich. Die Türen des Herzens öffnen sich nur der Liebe. Und denkt daran, erst wenn ihr mit dem Herzen zuhört und nicht mit dem Kopf, könnt ihr wirklich etwas hören. Ihr fragt vielleicht: »Kann denn das Herz auch hören?« Aber ich sage: Wann immer etwas gehört wird, ist es allein das Herz, das hört. Bis jetzt hat der Kopf noch nie etwas gehört. Der Kopf ist taub wie ein Stein. Und das gleiche gilt fürs Reden. Nur wenn die Worte vom Herzen kommen, haben sie eine Bedeutung. Nur Worte, die vom Herzen kommen, haben den Duft frischer Blumen; sonst sind sie nicht bloss abgestorben und welk, sondern künstlich wie Blumen aus Papier.

Ich werde euch mein Herz ausschütten; und wenn mir eure Herzen den Zutritt erlauben, wird es zu einer Begegnung und zu einer Verständigung kommen. In solchen Augenblicken der Kommunion kann das mitgeteilt werden, was Worte nicht auszudrücken vermögen. Auf diese Weise kann viel Ungesagtes gehört werden; und was nicht in Worte gefaßt werden kann, was zwischen den Zeilen steht, läßt sich so mitteilen. Worte an sich sind kraftlose Symbole, doch wenn man ihnen in tiefstem Seelenfrieden und in Stille lauscht, werden sie machtvoll. Das nenne ich »mit dem Herzen zuhören«.

Aber selbst wenn wir jemandem zuhören, sind wir voll von Gedanken über uns selbst. Das ist ein falsches Zuhören. So seid ihr keine wahren Zuhörer. Ihr seid in der Illusion befangen, zu hören, aber in Wirklichkeit stimmt das gar nicht. Zum rechten Hören muß sich der Geist in einem Zustand vollkommener, stiller Aufmerksamkeit befinden. Ihr solltet nur zuhören und sonst gar nichts tun. Erst dann könnt ihr hören und auch verstehen. Und dieses

Verstehen wird zu einem Licht und bewirkt in euch eine Transformation. Ohne diesen Geisteszustand hört ihr niemandem zu, ihr hört ständig nur euch selbst zu. Der Tumult, der in euch wütet, hält euch voll und ganz gefangen. Und solange ihr so gefangen seid, ist keine Verständigung möglich. Ihr scheint zu sehen, aber ihr seht nicht; ihr scheint zu hören, aber ihr hört nicht.

Auch Christus sagte: »Wer Augen hat zu sehen, der sehe. Wer Ohren hat zu hören, der höre.« Hatten denn jene, zu denen er sprach, keine Augen und Ohren? Natürlich hatten sie Augen und Ohren; doch die bloße Existenz von Augen und Ohren reicht noch nicht, um zu sehen und zu hören. Etwas Weiteres ist notwendig, ohne welches das Vorhandensein oder Nichtvorhandensein der Augen oder Ohren unwesentlich ist. Dieses Weitere ist innere Stille und wachsame Bewußtheit. Erst wenn sich diese Qualitäten dazugesellen, öffnen sich die Türen des Verstandes und kann etwas gesagt und gehört werden.

Ich erwarte von euch während der Zeit dieses *Sadhanacamps* diese Art des Hörens. Und wenn ihr die Kunst einmal gemeistert habt, wird sie zu eurem lebenslangen Begleiter. Sie allein kann euch von belanglosen Beschäftigungen befreien. Sie kann euch zur großen, mysteriösen Welt um euch erwecken, und ihr werdet beginnen, das ewige Licht des Bewußtseins zu erfahren. Das ist es, was hinter dem Tumult des Verstandes liegt.

Rechtes Sehen und rechtes Hören sind nicht nur für dieses *Sadhanacamp* notwendig, sie sind auch die Grundlage allen rechten Lebens. Genau so wie alles in einem See, der ganz ruhig und ohne Wellen daliegt, klar reflektiert wird , wird auch alles, was wahr, was göttlich ist, in euch reflektiert, sobald ihr ruhig und still wie der See werdet.

Ich sehe eine solche Stille und Ruhe über euch kommen, und ich sehe, wie mich eure Augen einladen, zu sagen, was ich gerne sagen möchte. Sie drängen mich, die Wahrheiten zu teilen, die ich gesehen und die meine Seele berührt haben. Eure Herzen sind ungeduldig und hungrig, von ihnen zu hören. Und wie ich sehe, daß ihr so willig und bereit seid, mir zuzuhören, sieht sich mein Herz genötigt, sich euch auszuschütten. In dieser friedlichen Umgebung, wo auch euer Verstand vollkommen still wird, werde ich gewiß sagen können, was ich euch allen gerne mitteilen möchte. Oft passiert es, daß ich nicht reden kann, weil ich taube Herzen vor mir sehe. Bleibt das Licht nicht auch draußen, wenn es die Türen eurer Häuser verschlossen findet? In gleicher Weise stehe ich oft vor manch einem Haus. Es ist jedoch ein gutes Zeichen, daß eure Türen offen stehen. Es ist ein guter Anfang.

Wir werden das fünftägige Programm dieses *Sadhanacamps* morgen früh anfangen, und ich möchte nun noch ein paar Dinge zur Einführung sagen.

Für die *Sadhana*, für die Erkenntnis der Wahrheit, muß der Geist vorbereitet werden, genau wie man die Erde vorbereitet, bevor man Blumen anpflanzt. Und so möchte ich denn, daß ihr euch einige Maximen zu Herzen nehmt.

Die erste Maxime ist: Lebe in der Gegenwart. Während des Camps solltet ihr euch nicht von eurer Gewohnheit, ständig über die Vergangenheit und die Zukunft nachzudenken, ablenken lassen. Denn wenn ihr euch davon ablenken laßt, wird der lebendige Augenblick, das einzig

Wichtige, verpaßt und verstreicht ungenutzt. Weder die Vergangenheit noch die Zukunft existieren. Die Vergangenheit ist nur Erinnerung, die Zukunft nur Einbildung. Allein der gegenwärtige Augenblick ist wahr und lebendig. Und wenn man die Wahrheit erkennen will, kann sie nur in der Gegenwart erkannt werden.

Laßt darum für die Dauer des Camps bitte Vergangenheit und Zukunft beiseite. Akzeptiert, daß sie nicht existieren. Nur dieser Augenblick, in dem ihr lebt, existiert. Nur dieser Augenblick, in dem ihr seid, existiert, sonst nichts. Ihr müßt ihn leben, und zwar voll und ganz. Schlaft so tief heute nacht, als sei eure gesamte Vergangenheit abgeschnitten worden. Sagt euch von der Vergangenheit los. Und steht am Morgen als neuer Mensch auf, denn es ist ein neuer Morgen. Laßt jenen, der sich schlafen gelegt hat, nicht mehr aufwachen. Laßt ihn für immer schlafen. Laßt den, der ewig neu und ewig frisch ist, aufstehen.

Lebt in der Gegenwart, denkt stets daran – und bleibt vierundzwanzig Stunden am Tag auf der Hut, um sicherzugehen, daß dieses mechanische Denken über Vergangenheit und Zukunft nicht wieder einsetzt. Beobachten genügt. Wenn ihr beobachtet, wird es nicht wieder einsetzen. Beobachten und Bewußtheit durchbrechen die Gewohnheit.

Die zweite Maxime ist: Lebe natürlich. Das ganze menschliche Verhalten ist künstlich und das Resultat seiner Konditionierung. Wir hüllen uns ständig in ein fadenscheiniges Gewand, und unter dieser Hülle vergessen wir immer mehr unser wahres Wesen. Befreit euch von dieser falschen Haut und werft sie ab. Wir sind nicht hier zusammengekommen, um ein Drama zu inszenieren, sondern uns selbst so zu erkennen und zu sehen, wie wir wirklich sind. Genauso wie die Schauspieler sich nach der Vorführung ihrer Kostüme und Schminke entledigen, müßt auch ihr für diese fünf Tage eure falschen Masken abnehmen und sie beiseite legen. Laßt das, was ursprünglich und natürlich in euch ist, hervorkommen – und lebt es. Jemandes *Sadhana*, jemandes Pfad entwickelt sich nur im einfachen und natürlichen Leben. Achtet darum während der Tage dieses *Sadhanacamps* darauf, daß ihr keinen Rang, keinen Beruf, keinen Status innehabt. Entledigt euch all dieser Masken. Ihr seid einfach nur ihr selbst, ein ganz gewöhnlicher Mensch, ohne Namen, ohne Status, ohne Klasse, ohne Familie, ohne Kaste – ein namenloser Mensch, ein ganz gewöhnliches Individuum. Ihr müßt lernen, so zu leben, denn so seid ihr in Wirklichkeit.

Die dritte Maxime ist: Lebe allein. Jemandes *Sadhana* wird im absoluten Alleinsein geboren, wenn man ganz allein ist. Doch im allgemeinen ist der Mensch nie allein. Er ist ständig von anderen umgeben. Und wenn außen gerade kein Gedränge um ihn herrscht, steht er inmitten einer Menge in seinem Inneren. Dieses Gewimmel muß sich auflösen.

Laßt nicht zu, daß in eurem Inneren Dinge auf euch einstürmen. Und dasselbe gilt fürs Äußere – lebt für euch, als ob ihr ganz allein an diesem Camp teilnehmen würdet. Ihr braucht keinerlei Beziehung zu den anderen zu unterhalten. Inmitten all dieser unzähligen Beziehungen habt ihr euch selbst vergessen. All diese Beziehungen – Feind oder Freund, Vater oder Sohn, Ehefrau oder Ehemann –

haben euch so verschlungen, daß ihr in eurem Inneren euer eigenes Wesen weder wiederfinden noch wiedererkennen könnt.

Habt ihr je versucht, euch vorzustellen, was ihr seid, abgesehen von diesen Beziehungen, die ihr unterhaltet? Habt ihr je das Gewand dieser Beziehungen abgelegt und euch selbst völlig getrennt von ihnen gesehen? Löst euch von all diesen Beziehungen und erkennt, daß ihr nicht der Sohn eures Vaters und eurer Mutter, nicht der Ehemann eurer Ehefrau, nicht der Vater eurer Kinder, nicht der Freund eurer Freunde, nicht der Feind eurer Feinde seid – und was dann übrigbleibt, ist euer wahres Wesen. Was in euch übrigbleibt, ist euer Selbst. Ihr müßt während dieser Tage ganz in diesem Wesen leben.

Wenn ihr diese Maximen befolgt, werdet ihr jenen Geisteszustand erlangen, der absolut notwendig ist, um eure *Sadhana* fortzuführen und zu Frieden und zur Erkenntnis der Wahrheit zu gelangen. Zusätzlich zu diesen drei Maximen möchte ich euch auch noch zwei Arten der Meditation erläutern, die wir morgen beginnen werden.

Die erste Meditation ist für den Morgen. Ihr müßt während dieser Meditation den Rücken gerade, die Augen geschlossen und den Hals aufrecht halten. Die Lippen sollten geschlossen sein und die Zunge den Gaumen berühren. Atmet langsam und tief. Richtet eure Aufmerksamkeit auf den Nabel und spürt wie er vom Atem bewegt wird. Das ist alles, was ihr tun müßt. Es beruhigt den Verstand und bringt die Gedanken zum Verstummen. Von dieser Leere aus geht ihr letztlich nach innen.

Die zweite Meditation ist für den Abend. Legt euch

flach auf den Boden und laßt die Gliedmassen ganz entspannt sein. Schließt die Augen und suggeriert euch selbst etwa zwei Minuten lang, der Körper entspanne sich. Langsam wird sich der Körper entspannen. Suggeriert dann zwei Minuten lang, euer Atem werde ruhiger. Der Atem wird ruhiger werden. Und schließlich suggeriert ihr zwei weitere Minuten lang, daß die Gedanken zum Stillstand kommen. Diese willentliche Autosuggestion führt zu einer völligen Entspannung und Leere. Und wenn der Verstand vollkommen ruhig geworden ist, seid ganz wach in eurem inneren Wesen und bleibt Zeuge der Ruhe. Dieses Zeugesein wird euch zu euch selbst führen.

Diese zwei Meditationen solltet ihr üben. In Wirklichkeit sind sie jedoch bloß künstliche Hilfsmittel, und ihr dürft euch nicht an ihnen festhalten. Mit ihrer Hilfe legt sich die Rastlosigkeit des Verstandes. Und genau wie wir eine Leiter nicht mehr brauchen, sobald wir sie einmal bestiegen haben, müssen wir eines Tages auch diese Hilfsmittel aufgeben. Meditation kommt in dem Augenblick zu ihrer Vollkommenheit, wo sie überflüssig geworden ist. Dieser Zustand ist *Samadhi.*

Die Nacht ist bereits weit vorangerückt, und der Himmel ist voller Sterne. Die Bäume und die Täler haben sich schlafen gelegt. Laßt uns jetzt ebenfalls schlafen gehen. Wie ruhig und still doch alles ist! Laßt uns ebenfalls mit dieser Friedlichkeit verschmelzen. Im tiefen Schlaf, im traumlosen Schlaf gehen wir an den Ort, wo Gott wohnt. Das ist das spontane, unbewußte *Samadhi,* das uns die Natur geschenkt hat. Mit Hilfe dieses *Sadhanacamps* können wir zur gleichen Bestimmung gelangen, nur sind wir dann bewußt. Darin liegt der Unterschied, und es ist ein wirklich großer Unterschied. Bei jenem schlafen wir, bei diesem sind wir hellwach.

Laßt uns nun schlafen gehen in der Hoffnung, daß wir in den Zustand des *Samadhi* gelangen. Wenn unsere Hoffnungen von Entschlossenheit und rechtem Streben begleitet sind, müssen sie sich erfüllen.

Möge uns Gott auf diesem Pfad leiten. Das ist mein einziges Gebet.

Der erste Morgen

Es ist eine wahre Freude, euch zu sehen. Ihr seid an diesem abgeschiedenen Ort zusammengekommen, um Gott zu erkennen, um die Wahrheit zu finden, um euer eigenes Selbst zu erkennen. Darf ich euch aber etwas fragen? Ist das, wonach ihr sucht, getrennt von euch? Ihr könnt nach jemandem suchen, der außerhalb von euch ist; aber wie könnt ihr suchen, was ihr selbst seid? Euer eigenes Selbst könnt ihr nicht so suchen, wie ihr alles übrige sucht, weil in diesem Fall kein Unterschied zwischen dem Suchenden und dem Gesuchten besteht. Ihr könnt die Welt durchsuchen, doch euer Selbst könnt ihr nicht suchen. Wer zur Suche nach sich selbst aufbricht, entfernt sich von sich selbst. Es ist wichtig, diese Tatsache voll und ganz zu verstehen. Erst dann wird eine Suche möglich. Wenn ihr die materiellen Dinge der Welt wollt, müßt ihr nach außen schauen; wenn ihr aber euer Selbst finden möchtet, müßt ihr gesammelt und gelassen sein und alles Suchen aufgeben. Was ihr in Wirklichkeit seid, kann nur in vollkommener Ruhe und Leere gesehen werden.

Denkt daran, daß mit jeder Suche eine Aufregung, eine Spannung einhergeht, daß auch sie ein Wunsch und eine Leidenschaft ist. Die Seele kann jedoch nicht durch Leidenschaft erkannt werden. Darin liegt die Schwierigkeit. Leidenschaft deutet darauf hin, daß man etwas werden oder etwas erlangen möchte, während die Seele bereits in einem vorhanden ist. Die Seele ist das, was ich, ich selbst, bin. Leidenschaft und Seele liegen in entgegengesetzten Richtungen. Es sind zwei entgegengesetzte Dimensionen.

Seid euch deshalb völlig im klaren, daß die Seele zwar erkannt werden kann, daß sie aber kein Objekt eurer Begierden sein kann. Es ist ein Ding der Unmöglichkeit, die Seele zu begehren. Alles Begehren ist weltlich; Nicht-Begehren ist spirituell. Es ist das Begehren und die Leidenschaft, aus denen sich das Weltliche bildet. Ob diese Leidenschaft oder dieses Begehren nun nach Geld oder nach Religion trachtet, nach Autorität oder nach der Erkenntnis Gottes, nach weltlichen Vergnügen oder nach Befreiung, *Moksha,* macht keinen Unterschied. Jede Leidenschaft ist Unwissenheit und Gefangenschaft.

Ich sage nicht, ihr sollt die Seele begehren. Ich fordere euch nur auf, die Natur der Begierde zu verstehen. Das Verstehen der Leidenschaft befreit von ihr, denn es enthüllt ihr schmerzhaftes Wesen. Das Wissen um den Schmerz befreit vom Schmerz, denn niemand, der Schmerz kennt, möchte ihn haben. Und wenn kein Begehren da ist, wenn der Verstand weder durch Leidenschaft gestört ist noch nach irgend etwas sucht, dann, in diesem Augenblick, in diesem ruhigen und stillen Augenblick, erfahrt ihr euer wahres und authentisches Wesen. Die Seele zeigt sich im wahren Licht, sobald die Leidenschaft verschwindet.

Darum bitte ich euch, meine Freunde, nicht nach der Seele zu dürsten, sondern das Begehren an sich zu verstehen und euch von ihm zu befreien. Dann werdet ihr verstehen und *Atman,* die Seele, erkennen.

Was ist Religion? Religion, *Dharma,* hat nichts mit Gedanken oder mit dem Denken zu tun. Es hat mit Nicht-Denken zu tun. Denken ist Philosophie. Es bringt euch Resultate oder Schlußfolgerungen, jedoch keine Befriedigung. *Dharma* ist Zufriedenheit. Das logische Vorgehen ist der Weg zum Denken, *Samadhi* ist das Tor zur Zufriedenheit.

Samadhi ist das Resultat von *Shunya* und *Chaitanya,* von Leere und Bewußtsein. Der Verstand muß leer, aber wachsam sein; und in diesem Zustand der Ruhe öffnet sich die Tür zur Wahrheit. Die Wahrheit kann nur aus der Leere heraus erkannt werden, und das ganze Leben wird dadurch transformiert.

Wir erlangen den Zustand des *Samadhi* durch Meditation. Was allerdings gewöhnlich als Meditation verstanden wird, ist nicht wahre Meditation. Es ist immer noch Denken. Vielleicht drehen sich die Gedanken jetzt um die Seele oder um Gott, es sind aber immer noch Gedanken. Worum sich die Gedanken drehen, spielt keine Rolle. In Wirklichkeit betreffen alle Gedanken ein anderes, etwas außerhalb. Sie beziehen sich auf das, was nicht das Selbst ist, auf das Materielle. Über das Selbst kann man nicht nachdenken, denn um zu denken bedarf es zwei. Darum kann euch das Denken auch nicht über die Dualität hinausführen. Will man zur Einheit gelangen, das Selbst erkennen und in ihm leben, führt der Weg über die Meditation, nicht übers Denken.

Denken und Meditation sind sich diametral entgegengesetzt. Das erste führt nach außen, das zweite nach innen. Denken ist der Weg, um den anderen zu kennen; Meditation ist der Weg, sich selbst zu erkennen. Aber Denken wird gewöhnlich als Meditation betrachtet. Das ist ein schwerwiegender und weitverbreiteter Fehler, und ich möchte euch vor diesem fundamentalen Irrtum warnen. Meditation bedeutet, aufhören zu *tun*. Meditation ist kein Tun, sondern ein Seinszustand. Es bedeutet, in sich selbst zu ruhen.

Im Tun kommen wir mit der Außenwelt in Berührung, im Nicht-Tun mit uns selbst. Wenn wir gar nichts tun, werden wir uns bewußt, was wir sind; wir sind jedoch ununterbrochen mit allen möglichen Aktivitäten beschäftigt und kennen uns selbst nicht. Wir erinnern uns nicht einmal daran, daß wir existieren. Wir sind zutiefst in Gedanken verloren. Während der Körper wenigstens manchmal ruht, ruht der Verstand überhaupt nie. Wach denken wir, im Schlaf träumen wir. Gefangen in diesen ständigen Beschäftigungen und Aktivitäten, vergessen wir uns selbst völlig. Unter dem Druck unserer eigenen Angelegenheiten verlieren wir uns selbst. Wie sonderbar ist das doch! Es ist aber eine Tatsache. Wir haben uns verloren – nicht in einer Menschenmenge, sondern in unseren eigenen Gedanken, in unseren eigenen Träumen, in unseren eigenen Beschäftigungen und Tätigkeiten. Wir haben uns in uns selbst verloren. Meditation ist der Weg, uns aus dieser selbsterschaffenen Menschenmenge, aus dieser mentalen Wanderlust herauszuziehen.

Ihrer eigentlichen Natur gemäß kann Meditation kein Tun beinhalten. Sie ist ein Nicht-Tun. Es ist die Bezeichnung für einen unbeschäftigten Verstand. Und genau das lehre ich. Es mag zwar eher komisch klingen, wenn ich sage, ich lehre Nicht-Tun und wir hätten uns hier versammelt, um Nicht-Tun zu üben, doch die menschliche Sprache ist armselig und sehr begrenzt. Sie ist lediglich darauf ausgerichtet, Tätigkeit auszudrücken, sie kann niemals die Seele ausdrücken. Wie könnte das, was fürs Sprechen zugeschnitten ist, Stille ausdrücken?

Das Wort »Meditation« deutet darauf hin, daß es sich dabei um eine Art Tätigkeit handelt; es ist aber durchaus nicht irgendwelche Tätigkeit. Es wäre falsch zu sagen: »Ich ›übte‹ mich in Meditation«; richtig wäre es zu sagen: »Ich war ›in‹ Meditation«. Es ist genau wie in der Liebe. Ich bin »in« Liebe, aber Liebe kann nicht produziert werden. Darum sage ich, Meditation sei ein Geisteszustand. Es ist von äußerster Wichtigkeit, sich darüber von vornherein im klaren zu sein.

Wir sind hier nicht zusammengekommen, um etwas zu tun, sondern um diesen Zustand zu erfahren, in dem wir einfach nur sind, wo nichts geschieht, wo kein Rauch entsteht, der auf eine Tätigkeit hinweist, wo nur die lodernde Flamme des Seins bleibt, und wo nur noch das Selbst übrigbleibt, wo nicht einmal der Gedanke »Ich bin« übrigbleibt, wo nichts bleibt als »Sein«. Das ist *Shunya,* Leere. Das ist der Punkt, wo wir nicht die Welt sehen, sondern die Wahrheit. Und in diesem Nichts, in dieser Leere stürzt die Mauer ein, die euch davon abhält, euch selbst zu erkennen, hebt sich der Vorhang der Gedanken und bricht die Dämmerung der Weisheit an. An diesem Punkt denkt ihr nicht – ihr wißt. Jetzt kommt es zum Sehen, zum Erkennen.

Aber die Worte »Sehen« und »Erkennen« sind auch

nicht ganz angemessen, denn hier besteht kein Unterschied mehr zwischen dem Erkennenden und dem Erkannten, zwischen dem Subjekt und dem Objekt. Hier gibt es weder das Erkannte noch den Erkennenden – nur noch Erkennen. In diesem Zusammenhang gibt es kein passendes Wort. »Nicht-Wort« wäre das einzig angemessene Wort. Wenn mich jemand über diesen Zustand befragt, bleibe ich still – oder man könnte sagen, ich antworte mit meiner Stille.

Meditation ist *Nicht-Tun.* Wir mögen uns betätigen oder nicht, ganz nach Belieben. Es besteht jedoch ein Unterschied zwischen unserer Natur und unserem Tun. Unsere Natur ist keine Tätigkeit, sie ist weder Tun noch Nicht-Tun. Zum Beispiel sind Verstehen und Sehen Teil unserer Natur, Teil unseres Wesens. Auch wenn wir nichts tun, sind wir dennoch da. Die Natur ist ständig in uns gegenwärtig, und nur was beständig und bleibend ist, kann man als natürlich bezeichnen. Die Natur ist nicht etwas, was wir machen könnten, sie ist unsere eigentliche Grundlage. Sie ist unser Selbst. Wir erschaffen sie nicht, sie ist ein innewohnender Zusammenhang. Wir nennen ihn *Dharma. Dharma* bedeutet unsere Natur; es bedeutet reine Existenz.

Unsere beständige und bleibende Natur wird von den nach allen Richtungen verstreuten Tätigkeiten verdrängt. So wie das Meer von Wellen und die Sonne von Wolken bedeckt ist, sind auch wir von unseren eigenen Tätigkeiten verdeckt. Die Schicht der Aktivitäten an der Oberfläche verbirgt das, was tief im Inneren liegt. Bedeutungslose Wellen verbergen die unergründlichen Tiefen des Ozeans vor unseren Blicken. Wie sonderbar ist es doch, daß das

Mächtige vom Trivialen verdrängt wird, daß ein Staubkörnchen im Auge ganze Berge unsichtbar macht! Das Meer hört wegen dieser Wellen jedoch nicht auf zu existieren. Es ist die Seele der Wellen und auch in ihnen präsent. Die Wissenden erkennen es auch in den Wellen; doch die Unwissenden müssen warten, bis sich die Wellen gelegt haben. Sie können den Ozean erst sehen, nachdem sich die Wellen gelegt haben.

Wir müssen in diesen Ozean, in die Natur selbst eintauchen. Wir müssen die Wellen vergessen und ins Meer springen. Wir müssen unsere eigene Tiefe erkennen, wo das Meer wellenlos ist, wo ein Sein ist ohne Werden.

Diese Welt des wellenlosen und bewegungslosen Wissens ist immer in uns gegenwärtig, nur sind wir uns dessen nicht bewußt. Wir haben unseren Blick davon abgewandt – wir schauen nach außen, wir betrachten Gegenstände, wir betrachten die Welt. Doch vergeßt eins nicht: Wir schauen nach außen, und was wir sehen, ist Teil der Welt – derjenige jedoch, der schaut, ist nicht die Welt, er ist das Selbst.

Solange das Sehen mit dem Objekt in Verbindung steht, das gesehen wird, ist es Denken; wenn das Sehen frei ist vom Objekt, das gesehen wird, und sich dem Sehenden selbst zuwendet, wird es zur Meditation. Könnt ihr meiner Unterscheidung zwischen Denken und Meditation folgen? Sehen ist sowohl im Denken als auch in der Meditation vorhanden, aber im ersten ist es objektiv und im zweiten subjektiv. Ob wir nun in Gedanken oder in Meditation sind, ob wir in Aktivität oder im Nicht-Tun sind – das Sehen ist ein konstanter Faktor. Wach sehen wir die Welt;

im Schlaf sehen wir Träume; im *Samadhi* sehen wir uns selbst – aber in jedem dieser Zustände ist das Sehen enthalten. Das Sehen ist beständig und andauernd. Es ist unsere Natur. Es ist in keinem Zustand je abwesend.

Das Sehen bleibt sogar gegenwärtig, wenn man in Ohnmacht fällt. Aus einem Ohnmachtsanfall zurückgekommen, sagen wir: »Ich weiß nichts mehr. Ich weiß nicht, wo ich war.« Denkt nun bitte nicht, dies sei Unwissenheit. Es ist auch ein Wissen. Wäre das Sehen ganz verlorengegangen, so wäre das Wissen »Ich weiß nichts mehr« unmöglich, und in diesem Fall hätte auch die Zeit, die während der Ohnmacht verstrichen ist, für euch nicht existiert. Sie wäre nicht Teil eurer Erfahrung geworden; sie hätte keine Spuren in eurer Erinnerung hinterlassen. Ihr wißt aber, daß ihr euch in einem Zustand befunden habt, wo ihr von nichts wußtet. Auch das ist Wissen. Und das Sehen ist auch dort noch vorhanden. Die Erinnerung hat währenddessen zwar keine inneren oder äußeren Erscheinungen registriert, doch unser Sehen hat diesen Unterbruch, diese Zwischenzeit ganz klar erfahren. Und diese Erfahrung der Zwischenzeit, der Lücke im Registrieren von Ereignissen bleibt in der Erinnerung haften. Gleichermaßen ist im Schlaf, selbst wenn wir nicht träumen, das Sehen ständig gegenwärtig. Wenn wir am Morgen erwachen, können wir sagen, wir hätten so tief geschlafen, daß wir nicht einmal geträumt haben. Auch dieser Zustand wurde registriert.

Aus alledem sollt ihr erkennen, daß sich die Zustände verändern, daß sich die Bewußtseinsinhalte verändern, daß sich aber das Sehen selbst nicht verändert. Alles im Bereich unserer Erfahrung verändert sich; alles ist im Fluß.

Das Sehen – und nur das Sehen – ist immer gegenwärtig. Nur der Seher ist Zeuge all dieser Veränderungen, all dieses Fließens. Diesen ständig und ewig Sehenden zu erkennen heißt, sich selbst zu erkennen. Alles sonst ist fremd, ist das andere. Alles andere ist *Samsara,* die Welt.

Der Sehende oder Zeuge kann nicht durch Tun, durch irgendeine Andacht oder Verehrung, durch irgendein Mantra oder eine Methode erlangt oder erkannt werden, denn er ist von alledem ebenfalls Zeuge. Er ist von alledem verschieden und getrennt. Alles, was gesehen oder getan werden kann, unterscheidet sich vom Zeugen. Er kann nicht durch Tun, sondern durch Nicht-Tun erkannt werden; nicht durch Bemühen, sondern durch Stille. Er wird nur erkannt, wenn alles Tun aufhört, wenn kein Objekt zu sehen ist, wenn nur noch der Seher oder Zeuge übrigbleibt, wenn nur noch das Sehen übrigbleibt. Wenn wir sehen, aber nichts gesehen wird, wenn wir wissen, aber nichts gewußt wird – dann, in diesem inhaltslosen Bewußtsein, lässt sich der Allwissende erkennen. Sobald es kein Objekt mehr zu sehen gibt, hebt sich der Vorhang vor dem Sehenden, und wenn es kein Objekt mehr zu erkennen gibt, wird sich das Erkennen seiner selbst bewußt. Wenn keine Wellen mehr da sind, können wir den Ozean sehen; wenn keine Wolken mehr da sind, können wir den blauen Himmel sehen.

Dieser Ozean und dieser Himmel sind in uns allen; und falls ihr diesen Himmel, diesen Raum, kennenlernen möchtet – es ist euch möglich. Es gibt einen Pfad, der dorthin führt, und er ist in jedem von uns vorhanden, er steht jedem von uns offen. Und jeder weiß, wie man diesen Pfad beschreitet. Wir wissen aber nur, wie man ihm in einer Richtung folgt. Habt ihr je bemerkt, daß eine Straße nicht nur in eine Richtung führen kann? Jede Straße führt unvermeidlich in zwei Richtungen, in zwei entgegengesetzte Richtungen. Sonst ist es keine Straße und kann nicht existieren. Die Straße, die euch in die Abgeschiedenheit dieser Hügel geführt hat, ist die gleiche Straße, die euch wieder zurückführen wird. Es existiert nur eine Straße für das Kommen wie für das Gehen. Die gleiche Straße dient beiden Zwecken. Die Straße bleibt dieselbe, nur die Richtung ändert sich.

Die Straße, die zu *Samsara* führt, in die Welt, ist dieselbe wie die Straße, die zum Selbst führt. Nur die Richtung hat geändert. Was so lange vor euch gelegen hat, liegt jetzt hinter euch, und ihr müßt den Blick auf das richten, was vorher hinter euch gelegen hat. Die Straße bleibt dieselbe. Wir müssen uns nur umdrehen, eine Kehrtwende vollziehen. Wir müssen dem, was wir bis jetzt vor uns gesehen haben, den Rücken zuwenden und auf das schauen, was vorher hinter uns gelegen hat.

Fragt euch bitte, in welche Richtung ihr jetzt euer Gesicht gewandt habt. Was seht ihr? In welche Richtung geht der Fluß eures Sehens, eures Bewußtseins? Spürt es. Beobachtet es. Ihr werdet finden, daß es nach außen fließt. All eure Gedanken drehen sich um die äußere Welt. Ihr denkt ununterbrochen über äußere Dinge, über die Außenwelt nach. Sobald ihr die Augen offen habt, seht ihr nach außen; und wenn sie geschlossen sind, seht ihr weiterhin das gleiche Äußere, denn die Formen und Bilder der äußeren Objekte, die sich im Verstand eingeprägt haben, steigen jetzt auf und umgeben uns auch noch, wenn wir die Augen geschlossen haben. Es gibt eine äußere Welt von Objekten, und in unserem Inneren existiert eine weitere Welt aus Gedanken, den Echos der äußeren Objekte. Obwohl sich diese Welt im Inneren befindet, ist sie dennoch außen, denn das »Ich«, das Ego, ist ebenfalls außen. Der Zeuge sieht auch das »Ich«, das Ego, also ist auch dieses außen.

Wir sind umgeben von Objekten und von Gedanken; beim näheren Hinschauen werdet ihr jedoch sehen, daß das Umgebensein von Objekten kein Hindernis auf dem Pfad zur Selbsterkenntnis ist, wogegen das Umgebensein von Gedanken ein Hindernis darstellt. Können Objekte die Seele umschließen? Objekte können nur Objekte umschließen. Die Seele wird von Gedanken umgeben. Der Fluß des Sehens, des Bewußtseins geht in Richtung Gedanken. Gedanken – und Gedanken allein – stehen überall vor uns, und unsere Sicht wird durch sie verdeckt.

Wir müssen unser Gesicht von den Gedanken weg dem Gedankenlosen zuwenden. Diese Richtungsänderung ist jedoch revolutionär! Wie kann man sie vollziehen? Zuerst müssen wir wissen, wie Gedanken entstehen, erst dann können wir ihr Entstehen verhindern. Gewöhnlich fangen sogenannte Sucher damit an, die Gedanken zu unterdrücken, noch bevor sie begriffen haben, wie diese entstehen. Einige von ihnen werden vielleicht sogar verrückt bei diesem Versuch, aber keiner wird je von den Gedanken befreit. Die Unterdrückung der Gedanken hilft nicht, denn jeden Augenblick tauchen neue Gedanken auf. Sie sind wie jene mythologischen Riesen, denen, sobald man ihnen einen Kopf abschlägt, zehn neue nachwachsen.

Ich sage nicht, ihr sollt die Gedanken zerstören, denn sie sterben jeden Augenblick von selbst ab. Gedanken sind sehr kurzlebig; kein Gedanke überlebt lange. Ein einzelner Gedanke hält nicht lange an, wohl aber der Gedankenprozeß. Gedanken sterben einer nach dem anderen, doch der Gedankenfluß hält an. Sobald ein Gedanke stirbt, nimmt auch schon der nächste seinen Platz ein. Dieser Prozeß spielt sich sehr schnell ab, und darin liegt das Problem. Das eigentliche Problem ist nicht der Tod eines Gedankens, sondern seine schnelle Wiedergeburt. Ich sage deshalb auch nicht, ihr sollt die Gedanken abtöten. Ich möchte, daß ihr den Prozeß ihrer Geburt versteht und wie ihr euch von diesem Prozeß befreien könnt.

Wer den Entstehungsprozeß von Gedanken versteht, kann leicht davon befreit werden. Aber wer diesen Prozeß nicht versteht, schafft ständig neue Gedanken und versucht gleichzeitig, ihnen zu widerstehen. Und statt daß die Gedanken ein Ende nehmen, bricht letztlich nur derjenige zusammen, der gegen sie ankämpft.

Ich wiederhole noch einmal: Gedanken sind nicht das Problem, das Problem liegt in der Entstehung der Gedanken. Wie sie ins Leben kommen, ist das Problem. Wenn wir ihre Entstehung unterbinden können, wenn wir Gedanken-Geburtenkontrolle üben können, werden die Gedanken, die bereits aufgetaucht sind, unverzüglich verschwinden. Gedanken sterben jede Sekunde ab, ihre endgültige Zerstörung ist aber nicht möglich, weil unaufhörlich neue Gedanken auftauchen.

Es ist also nicht so, daß wir die Gedanken zerstören

müßten, sondern wir müssen ihre Entstehung unterbinden. Ihre Geburt zu unterbinden ist genausogut wie ihre Zerstörung. Wir alle wissen, wie launenhaft der Verstand ist. Aber was bedeutet das? Es bedeutet, daß kein Gedanke lange anhält. Er entsteht und vergeht wieder. Wenn wir sein Entstehen unterbinden können, brauchen wir gar keine Gewalt anzuwenden, um ihn zu töten – er wird ganz von selbst sterben.

Wie entsteht ein Gedanke? Die Zeugung und Geburt eines Gedankens ist das Resultat unserer Reaktion auf die Außenwelt. Außen besteht eine Welt von Ereignissen und Objekten, und allein unsere Reaktion auf diese Welt ist verantwortlich für die Entstehung der Gedanken. Ich betrachte eine Blume. Betrachten ist nicht Denken, und wenn ich einfach nur hinschaue, wird auch kein Gedanke erzeugt. Wenn ich aber beim Anschauen sage: »Was für eine schöne Blume!« ist ein Gedanke entstanden. Solange ich die Blume nur betrachte, erfahre und genieße ich ihre Schönheit, ohne daß ein Gedanke auftauchen würde. Sobald wir aber eine Erfahrung machen, drücken wir diese sofort in Worten aus. Mit diesem Ausdruck von Erfahrung durch die Symbole der Worte entstehen die Gedanken.

Diese Reaktion, diese Gewohnheit, Erfahrungen in Worten auszudrücken, erstickt die Erfahrung, die Erkenntnis, die Vision mit Gedanken. Die Erfahrung wird unterdrückt, die Vision wird unterdrückt, und bloße Worte bleiben übrig, die sich im Verstand herumtreiben. Und genau diese Worte sind unsere Gedanken. Diese Gedanken sind aber sehr kurzlebig, und noch bevor ein Gedanke abstirbt, verwandeln wir bereits eine neue Erfahrung in Gedanken.

Dieser Prozeß zieht sich durch unser ganzes Leben hin. Wir sind so mit Worten angefüllt und so von ihnen überwältigt, daß wir uns in ihnen verlieren. Das Aufgeben dieser Gewohnheit, unser Sehen und unsere Erfahrungen in Worte zu hüllen, bedeutet, die Entstehung der Gedanken zu kontrollieren. Bitte versteht das.

Ich schaue euch an, und wenn ich euch einfach weiter anschaue, ohne es in Worte zu fassen, was passiert dann? So wie ihr jetzt seid, könnt ihr euch nicht einmal vorstellen, was dann passiert. Es kommt zu einer großen Revolution, wie man sie noch nie gesehen hat. Worte stehen im Weg und halten die Auslösung dieser Revolution auf. Die Entstehung der Gedanken verhindert diese Revolution. Wenn ich euch weiter anschaue und nichts in Worte fasse, wenn ich einfach weiter schaue, erlebe ich, wie eine wunderbare göttliche Gnade über mich kommt und wie sich eine Qualität der Leere, des Nichts überallhin ausbreitet. Und in dieser Leere, in dieser Abwesenheit von Worten, nimmt die Richtung des Bewußtseins eine neue Wende, und ich sehe nicht nur euch, sondern auch derjenige, der über uns alle wacht, erscheint allmählich. Am Horizont unseres Bewußtseins liegt ein neues Erwachen, als ob wir von einem Traum aufwachten und unser Verstand mit reinem Licht und unendlichem Frieden angefüllt würde.

Letzten Endes geht es mir darum, daß wir in diesem *Sadhanacamp* dieses eine Experiment machen müssen – unsere Sicht nicht mit Worten zu verstellen. Ich nenne es das Experiment der rechten Achtsamkeit. Ihr müßt darauf achten, müßt bewußt bleiben, damit sich keine Worte bilden können. Es ist möglich, das Auftauchen von Worten zu verhindern, denn schließlich handelt es sich dabei nur um eine Gewohnheit. Ein neugeborenes Kind sieht die Welt ohne vermittelnde Worte. Das ist reines, direktes Sehen. Später bildet es nach und nach die Gewohnheit, Worte zu benutzen, denn Worte sind in seinem äußeren Leben und in der Außenwelt hilfreich und nützlich. Was aber im äußeren Leben nützlich ist, wird im Erkennen des inneren Lebens zum Hindernis. Das ist der Grund, warum auch alte Leute in sich eine kindliche Fähigkeit des reinen Sehens wiedererwecken müssen, bevor sie sich selbst erkennen können. Sie kannten die Welt mit Hilfe von Worten, und jetzt müssen sie mit Hilfe des Nichts, der Leere sich selbst kennenlernen.

Was müssen wir in diesem Experiment tun? Wir werden ruhig dasitzen, den Körper entspannen und die Wirbelsäule gerade halten. Wir werden alle Körperbewegungen einstellen. Wir werden langsam und tief und ohne Erregung atmen. Wir werden still unseren eigenen Atem beobachten und auf jeden Klang hören, der von außen auf unser Ohr fällt. Wir werden in keiner Weise darauf reagieren; wir werden ihnen keinen Moment einen Gedanken schenken. Wir lassen uns in einen Geisteszustand sinken, wo wir ohne Einmischung von Worten einfach Zeuge sind. Wir betrachten alles, was passiert, aus der Entfernung. Versucht nicht im geringsten, euch zu konzentrieren. Seid einfach ruhig und beobachtet alles, was passiert. Hört hin. Schließt einfach die Augen und hört hin. Hört ruhig und in Stille zu. Lauscht dem Zwitschern der Spatzen, dem Wiegen der Bäume im Wind, dem Weinen eines Kindes, dem Geräusch des Wasserrads am Brunnen. Hört einfach nur zu. Tut sonst gar nichts.

Zuerst werdet ihr in eurem Inneren ein Pulsieren eures Atems und das Schlagen des Herzens wahrnehmen – dann wird sich eine neue Art von Ruhe und Frieden über euch legen. Ihr werdet erleben, daß euer Inneres, trotz des äußeren Lärms von einer Stille erfüllt wird. Ihr werdet erleben, wie ihr eine neue Dimension des Friedens betreten habt. Dann werdet ihr finden, daß keine Gedanken mehr da sind, daß nur reines Bewußtsein übrigbleibt. Und in diesem Medium der Leere richtet sich eure Aufmerksamkeit auf den Ort, der euer wirkliches Zuhause ist. Von draußen kehrt ihr in euer Heim zurück.

Eure Sichtweise hat euch nach außen geführt; dies jedoch wird euch wahrhaftig nach innen führen. Beobachtet einfach nur. Beobachtet eure Gedanken, euren Atem und die Bewegung am Nabel. Keine Reaktion. Daraus wird etwas resultieren, was keine Schöpfung des Verstandes, was in keiner Weise eure Schöpfung sein wird. Es ist vielmehr euer Wesen, eure Existenz. Das ist der Zusammenhang, der uns alle erhält. Er enthüllt sich uns, und dann erscheint unser eigenes Selbst, die größte Überraschung von allen.

Ich erinnere mich an eine Geschichte. Ein *Sadhu,* ein Sucher, stand einst auf einem Hügel. Es war früh morgens, und die Sonne ging gerade auf. Ein paar Freunde waren unterwegs auf einem Spaziergang. Sie bemerkten den *Sadhu,* wie er ganz allein dastand, und fragten sich: »Was macht er denn da?« Einer von ihnen sagte: »Vielleicht verirrt sich seine Kuh manchmal im Dschungel, und nun steht er auf dem Hügel und hält nach ihr Ausschau.« Die anderen Freunde widersprachen. Einer meinte: »So wie er dasteht, scheint er sich nicht nach etwas umzusehen. Es sieht eher so aus, als würde er auf jemanden warten; vielleicht auf einen Freund, der ihn begleitet hat und irgendwo zurückgeblieben ist.« Aber die anderen waren auch damit nicht einverstanden. Ein dritter sagte: »Weder sucht er nach jemandem, noch wartet er auf jemanden. Er ist in die Betrachtung Gottes versunken.«

Sie konnten sich nicht einigen und näherten sich deshalb dem *Sadhu,* um die Lage zu klären. Der erste fragte: »Suchst du deine verlorene Kuh?« Der *Sadhu* erwiderte: »Nein.« Ein anderer fragte: »Wartest du etwa auf jemanden?« Darauf antwortete er: »Nein.« Der dritte fragte: »Betrachtest du Gott?« Wiederum verneinte der *Sadhu.* Alle drei waren verplüfft. Zusammen fragten sie ihn: »Was machst du denn hier?« Der *Sadhu* sagte: »Ich mache nichts. Ich stehe nur hier. Ich bin einfach.«

So einfach müssen wir existieren. Wir müssen nichts tun. Wir müssen alles aufgeben und nur noch sein. Dann passiert etwas, was man nicht in Worte fassen kann. Die Erfahrung, die sich dann einstellt, läßt sich nicht in Worten ausdrücken. Es ist der Inbegriff aller Erfahrungen. Es ist die Erkenntnis der Wahrheit, unseres Selbsts, Gottes.

Der erste Abend

Die erste Frage: *Besteht ein Konflikt zwischen Religion und Wissenschaft?*

Nein. Das Wissen der Wissenschaft ist unvollständig. Es ist, als schiene auf der ganzen Welt das Licht, während in deinem eigenen Haus Dunkelheit herrscht. Mit einem solchen unvollständigen Wissen, ohne das Wissen um sich selbst, wird das Leben ganz einfach ein Elend. Damit das Leben seine Krönung in Frieden, Zufriedenheit und Erfüllung findet, genügt es nicht, nur materielle Dinge zu kennen. Auf diese Art findet man vielleicht Wohlstand, nicht aber Erfüllung. Auf diese Art erlangt man vielleicht Besitztümer, das Licht aber findet man damit nicht. Und ohne Licht, ohne Wissen, werden Besitztümer zur Sklaverei, zur selber geknüpften Schlinge, an der man sich schließlich selbst erhängt.

Jemand, der nur die Welt kennt, ist unvollkommen, und Unvollkommenheit führt ins Elend. Indem man die Welt kennt, gewinnt man Macht. Und die Wissenschaft ist eine Suche nach Wissen und Macht. Hat die Wissenschaft etwa nicht bereits die geheimen Schlüssel zur grenzenlosen Macht in die Hände der Menschheit gelegt? Aber nichts Lohnendes ist aus der Errungenschaft dieser Macht hervorgegangen. Der Mensch besitzt ohne Zweifel Macht, aber Frieden hat er keinen. Frieden erlangt man erst, wenn man Gott kennt, nicht die materiellen Dinge. Diese Suche nach Gott ist Religion.

Macht ohne Frieden ist selbstzerstörerisch. Das Wissen um materielle Dinge ohne das Wissen um das eigene Selbst bedeutet Macht in den Händen von Ignoranten. Das kann zu nichts Gutem führen. Der Konflikt zwischen Wissenschaft und Religion hat bis jetzt nur katastrophale Resultate gezeitigt. Jene, die nur die Bereiche der Wissenschaft erforscht haben, sind zwar mächtig geworden, aber auch ruhelos und unglücklich. Und jene, die nur die Religion erforscht haben, erlangten zwar zweifellos den Frieden, sind aber schwach und arm geblieben. Deshalb ist die *Sadhana,* die Suche, die bis jetzt unternommen worden ist, unvollständig, etwas Halbes. Bis jetzt hat es noch keine ganze und vollständige *Sadhana* nach der Wahrheit gegeben.

Ich möchte Macht und Frieden in ihrer Perfektion sehen. Ich möchte eine Synthese, eine Harmonie von Religion und Wissenschaft. Sie wird ein perfektes Individuum hervorbringen, eine perfekte Kultur, ein Volk reich an inneren Werten und an äußeren Errungenschaften. Das Individuum ist weder der Körper noch die Seele, sondern eine Kombination von beiden. Darum ist alles, was sich nur auf eines der beiden stützt, unvollständig.

Die zweite Frage: *Was meinst du dazu, dem weltlichen Leben zu entsagen? Ist Sannyas, ein Sucher werden, nur möglich, wenn man der Welt entsagt?*

Es besteht kein Konflikt zwischen der Welt und *Sannyas.* Es ist nicht die Welt, sondern die Unwissenheit, die man aufgeben muß. Die Welt aufzugeben ist nicht *Sannyas.* Das Erwachen des Wissens, der Selbsterkenntnis, ist *Sannyas.* Dieses Erwachen führt dazu, nicht der Welt selbst zu entsagen, sondern dem Festhalten an der Welt. Die Welt bleibt, wo sie ist und wie sie ist, wir aber werden transformiert. Unsere Sichtweise wird transformiert. Diese Transformation ist äußerst fundamental. In diesem erwachten Zustand müssen wir überhaupt nichts aufgeben. Alles, was nutzlos und überflüssig ist, fällt automatisch ab, wie die reife Frucht vom Baum fällt. Genau wie die Dunkelheit verschwindet, wenn das Licht erscheint, verschwinden auch alle Unreinheiten mit dem Anbruch des Wissens, und was danach übrigbleibt, ist *Sannyas.*

Sannyas hat nichts mit der Welt zu tun. Es hat mit dem Selbst zu tun. Es ist die Reinigung des Selbst. Es ist genau wie die Reinigung von legiertem Gold.

Das Leben vom Standpunkt der Unkenntnis seiner selbst zu betrachten ist *Samsara,* Weltlichkeit; das Leben vom Standpunkt der Selbsterkenntnis zu betrachten ist *Sannyas.* Darum scheint es mir immer falsch, wenn jemand sagt, er habe Sannyas »genommen«. Dieses »Nehmen« von *Sannyas* schafft den Eindruck, es stehe im Gegensatz zur Welt. Ist *Sannyas* denn etwas, was man nehmen könnte? Kann jemand sagen, er habe Wissen »genommen«. Und was taugt schon ein Wissen, das so genommen werden kann. Genommenes *Sannyas* ist nicht das wahre *Sannyas.* Ihr könnt euch keine Maske der Wahrheit aufsetzen. Die Wahrheit muß erweckt werden.

Sannyas wird geboren. Es kommt durch Wissen. Und durch dieses Wissen werden wir laufend transformiert. Wenn unser Wissen transformiert wird, wird auch unsere Sichtweise und unser Verhalten automatisch verändert. Die Welt bleibt, wo sie ist, und *Sannyas* nimmt langsam in uns Form an. *Sannyas* ist das Wissen, daß ich nicht der Körper bin; es ist das Wissen, daß ich die Seele bin. Wenn dieses Wissen einmal dämmert, fallen Unwissenheit und Festhalten weg. Die Welt war da draußen und wird auch weiter dort bleiben. Im Innern jedoch wird man sich nicht mehr an ihr festhalten. Mit anderen Worten: Im Inneren wird es keine Welt, kein *Samsara* mehr geben.

Der Versuch, sich an die äußere Welt zu klammern, ist Unwissenheit, und der Versuch, ihr zu entsagen, ist ebenfalls Unwissenheit, denn in beiden Fällen bleibt ihr weiter in einer Beziehung zu ihr. Sowohl das Festhalten an der Welt als auch die Abscheu vor ihr ist Unwissenheit. Beides ist Beziehung zur Welt. Freiheit meint das Fehlen dieser Beziehung – Freiheit vom Festhalten und auch von Ablehnung. Es geht nicht um Ablehnung oder Abscheu. *Sannyas* heißt für mich, daß sowohl das Festhalten als auch die Ablehnung wegfallen.

Freiheit vom Festhalten *und* von der Ablehnung erlangt man durch Erkenntnis. Festhalten ist eine Art Blindheit, und wenn man dessen überdrüssig ist, erfolgt als Reaktion darauf Ablehnung. Auch diese Reaktion ist Blindheit. Im ersten Fall läuft jemand auf die Welt zu, im zweiten Fall von ihr weg. In beiden Fällen läuft er. Wie wenig aber weiß er, daß die Freude an dem, der in uns bewahrt ist, nicht erlangt werden kann, indem man der Welt nachläuft oder vor ihr davonläuft, sondern indem man fest in sich selbst verankert ist. Wir müssen weder zur Welt hin noch von ihr weglaufen. Wir müssen nach innen gehen, zu unserem wahren Selbst.

Denkt daran, wir müssen nach innen gehen. Dieses Zu-sich-selbst-Kommen ist aber durch Festhalten oder Ablehnung nicht möglich. Es ist nur möglich, indem man Zeuge des innewohnenden Konflikts zwischen Festhalten und Ablehnung wird. Es gibt jemanden in uns, der Zeuge unseres Festhaltens wie auch unserer Ablehnung ist. Ihn müssen wir erkennen, ihn, der nichts als ein Zeuge ist. Indem wir ihn kennen, befreien wir uns automatisch vom Festhalten und von der Ablehnung. Ihn zu kennen ist die natürliche Folge der Selbsterkenntnis.

Die dritte Frage: *Findest du es nutzlos, Heim und Familie zu entsagen?*

Ich erinnere mich an eine Maxime Mahaviras. Er sagte: »Festhalten ist Besitzen.« Er sagte nicht, Besitzen sei Festhalten. Warum? Aus unserer Blindheit, unserer Dummheit halten wir uns an weltlichen Dingen fest. In unserem Inneren sind wir leer, und so wollen wir uns mit äußeren Objekten anfüllen, um uns damit selbst glauben zu machen, wir seien wichtige Persönlichkeiten. Kann man sich wirklich von der Abhängigkeit befreien, wenn man unter diesen Umständen seine Bindungen löst, jedoch blind bleibt? So wird man die Dinge los, nicht aber die Abhängigkeit. Die Abhängigkeit besteht weiter.

Wenn man sein Zuhause verläßt, um in einen Ashram zu ziehen, wird die Bindung an den Ashram an die Stelle der Bindung ans Zuhause treten. Wenn man seine Familie verläßt, um in eine Sekte einzutreten, wird man genauso an der Sekte hängen, wie man vorher an der Familie gehangen hat. Die Abhängigkeit ist im Inneren und wird unter jeder neuen Bedingung wieder zum Ausdruck kommen. Darum haben die Wissenden geraten, den Wünschen und der Unwissenheit zu entsagen, nicht den materiellen Gegenständen. Wenn einmal das Wissen erwacht, ist es nicht einmal nötig, die unnützen Dinge aufzugeben – sie fallen von selbst weg.

Die vierte Frage: *Sollen wir unser Denken konzentrieren, um zum Nichtdenken zu gelangen?*

Ich sage nicht, ihr sollt euch konzentrieren. Konzentration ist eine Art Zwang, eine Art Spannung. Wenn man sich auf einen Gedanken, auf eine Form, ein Bild oder ein Wort konzentriert, führt das weder zum Nichtdenken noch zum Erwachen des Bewußtseins, sondern zu einem unbewußten Zustand der geistigen Benommenheit. Es ist wie Selbsthypnose. Erzwungene Konzentration führt zu Unbewußtheit. Und es ist ein Irrtum, diese Unbewußtheit für *Samadhi* zu halten. *Samadhi* ist weder ein Zustand der Unbewußtheit noch der Benommenheit, *Samadhi* ist das Erlangen des vollkommenen Bewußtseins. *Samadhi* ist die Verbindung von Nichtdenken und vollkommener Bewußtheit.

Die fünfte Frage: *Wie sollen wir in der Meditation den Prozeß des Ein- und Ausatmens beobachten?*

Haltet die Wirbelsäule gerade, nicht gebeugt. Wenn man das Rückgrat gerade hält, ist der Körper in einem Zustand des natürlichen Gleichgewichts. In dieser Stellung hat die Schwerkraft der Erde eine ausgeglichene Wirkung auf den Körper, und es ist einfach, sich von ihrer Anziehungskraft zu befreien. Wenn die Schwerkraft am geringsten ist, hindert einen der Körper nicht daran, leer zu werden und sich des Denkens zu entledigen. Haltet die Wirbelsäule gerade, ohne Spannung oder Steifheit im Körper. Laßt den Körper sich entspannen, als wäre er wie ein Kleidungsstück am Kleiderhaken an der Wirbelsäule aufgehängt.

Entspannt den Körper völlig und atmet langsam und tief. Das Ein- und Ausatmen bewegt die Nabelgegend auf und ab. Beobachtet diese Bewegung weiter. Ihr braucht euch nicht auf sie zu konzentrieren, beobachtet sie einfach. Seid Zeuge. Denkt daran, ich bin nicht für Konzentration. Ich rate einfache Wachsamkeit und Bewußtheit. Atmet wie die Kinder – ihre Brust bewegt sich nicht; ihr Bauch bewegt sich. Das ist das natürliche Ein- und Ausatmen. Mit diesem natürlichen Atmen werden wir von einem Frieden erfüllt, der sich immer mehr vertieft.

Bedingt durch unseren gestörten und angespannten Geisteszustand haben wir nach und nach die Fähigkeit eingebüßt, tief und voll zu atmen. In der Pubertät ist das oberflächliche und künstliche Atmen zur Gewohnheit geworden. Ihr habt ohne Zweifel schon bemerkt, daß euer

Atem um so weniger natürlich und rhythmisch ist, je gestörter euer Verstand ist. Atmet natürlich – rhythmisch, ohne Anstrengung. Die Harmonie des natürlichen Atems hilft, die geistige Ruhelosigkeit zu vertreiben.

Die sechste Frage: *Warum rätst du uns, den Atem zu beobachten?*

Ich tue das, weil der Atem, das Ein- und Ausatmen, die Brücke zwischen dem Körper und der Seele ist. Dank des Atmens wohnt die Seele im Körper. Wenn man sich des Atems bewußt wird, durch die direkte Kenntnis des Atmens, spürt man nach und nach, daß man nicht der Körper ist.

Ich bin zwar der Körper, aber nicht *nur* der Körper. Er ist meine Wohnstatt, nicht aber mein Ursprung. Während sich die direkte Kenntnis des Atems vertieft, erfährt man die Anwesenheit, die Nähe desjenigen, der nicht der Körper ist. Einen Augenblick lang sieht man klar, daß das Selbst nicht der Körper ist. Dann wird man die drei Schichten sehen, die drei Lagen unserer Persönlichkeit – der Körper, der Atem und die Seele. Der Körper ist die Schale; der Atem ist die Brücke, das Verbindungsglied; die Seele, das Selbst, ist der Ursprung.

Der Atem spielt eine höchst wichtige Rolle auf dem Pfad zur Selbsterkenntnis, denn das Atmen ist der zentrale Punkt. Auf der einen Seite ist der Körper, auf der anderen die Seele. Wir existieren bereits auf der physischen Ebene, wonach wir uns aber sehnen ist, in den Bereich der

Seele vorzudringen. Bevor dies jedoch geschehen kann, ist es unerläßlich, sich auf die Ebene des *Prana,* des Atems zu begeben. Nur so kann man das Königreich des Geistes betreten.

Schaut man von der Ebene des Atems aus, kann man beide Seiten sehen. Von hier aus werden die Wege zum Körper und zur Seele hin klar sichtbar. Obwohl die Straße ein und diesselbe ist, sind jetzt beide Richtungen deutlich erkennbar. Und die Folge davon ist, daß ein Schritt zum Inneren, zum Bereich der Seele, eher möglich wird. Ich hoffe, ihr versteht jetzt, warum ich den Atem so sehr betone.

Die siebte Frage: *Warum sagst du, Dhyana, Meditation, sei ein Nicht-Tun? Ist es nicht ebenso eine Tätigkeit?*

Seht bitte her. Meine Faust ist geschlossen. Um die Faust zu schließen, muß ich eine positive Handlung ausführen. Ihr Schließen ist eine Handlung. Wenn ich sie aber öffnen will, was muß ich dann tun? Ich brauche überhaupt nichts zu tun, um sie zu öffnen. Wenn ich einfach aufhöre, mich anzustrengen, die Faust zu machen, öffnet sie sich ganz automatisch, und die Hand kehrt zu ihrem natürlichen und normalen Zustand zurück. Darum würde ich das Öffnen der Faust auch nicht als eine Tätigkeit bezeichnen. Es ist ein Nicht-Tun oder falls es euch lieber ist, eine »negative Handlung«. Aber das ändert nichts; es ist dasselbe. Ich möchte nicht über Worte streiten. Bitte versteht, was ich euch sage. Versteht bitte die wirkliche Bedeutung des Gesagten.

Indem ich Meditation als »Nicht-Tun« bezeichne, möchte ich darauf hinweisen, daß ihr Meditation nicht als eine Aufgabe oder Tätigkeit betrachten sollt. Meditation ist frei von solchen Beschäftigungen. Sie ist ein natürlicher Zustand, und ihr könnt sie nicht in irgendeine mentale Spannung verwandeln. Falls Meditation zu einer mentalen Anspannung wird, führt sie euch weder zu eurem natürlichen Zustand noch zu geistigem Frieden. Spannung ist eine Art Ruhelosigkeit, und wenn man Frieden erlangen möchte, sollte man damit anfangen, ruhig zu werden. Wenn von Anfang an weder Friede noch Ruhe da ist, werden sie bestimmt auch am Ende nicht da sein. Das Ende ist nur der Höhepunkt des Anfangs.

Ich sehe die Leute zum Tempel gehen, und ich sehe sie ihre Götter anbeten. Ich sehe sie auch in Meditation sitzen. Aber für sie alle ist es eine Tätigkeit, eine Art angespannte Ruhelosigkeit, und es ist absoluter Unsinn, wenn sie erwarten, dieses ganze Tun werde schließlich die Blumen und Früchte der Gelassenheit hervorbringen. Falls ihr Frieden wollt, falls ihr friedlich sein wollt, ist es unerläßlich, daß ihr von diesem Augenblick an in Frieden anfangt.

Und auch das möchte ich euch noch sagen: Sucht nicht nach der Wahrheit. Im Suchen verbirgt sich das Ego, und das Ego ist das Hindernis. Verliert euch einfach. Verliert eure Identität. Hört einfach auf, jemand zu sein. Erst wenn das Ego, das »Ich«, zu existieren aufgehört hat, kann man das wahre Selbst erkennen. Erst wenn das Gefühl des Egos, der »Ich-heit«, verschwindet, kann man die Realität erkennen. Nur indem man sich verliert, gelangt man zu sich selbst. Genauso wie das neue Leben nur aus einem Samen hervorsprießt, wenn dieser Samen auseinanderbricht und zu sein aufhört, schießt auch der Sprößling der Unsterblichkeit nur hervor, wenn der Samen, das »Ich«, die Hülle der Seele, auseinanderbricht und zu sein aufhört. Erinnert euch bitte an folgenden Grundsatz: Um euer Selbst zu erlangen, müßt ihr aufhören zu sein. Unsterblichkeit muß mit dem Tod bezahlt werden. Ein Regentropfen wird zum Ozean, wenn er sich im Ozean verliert.

Ihr seid die Seele; wenn ihr aber in eurem Inneren nach ihr sucht, findet ihr dort nichts als Verlangen. Unser ganzes Leben besteht nur aus Verlangen – dem Wunsch, etwas zu werden, etwas zu erreichen. Jeder will etwas werden, etwas erreichen. Das Wettrennen ist jeden Augenblick unseres Lebens in vollem Gang. Niemand will bleiben, wo er ist. Alle wollen sein, wo sie nicht sind. Dieses Verlangen ist eine vage Unzufriedenheit mit dem, was man ist oder was man hat, und ein blindes Sehnen nach dem, was man nicht ist oder was man nicht hat. Dieses wahnsinnige Rennen nimmt kein Ende, denn sobald man etwas erreicht, wird es wertlos, und das Verlangen umkreist wieder das, was man noch nicht hat. Der Wunsch richtet sich immer auf das Unerreichte.

Das Verlangen ist wie der Horizont. Je mehr ihr versucht, ihn zu erreichen, desto mehr entzieht er sich euch. Das ist so, weil der Horizont gar nicht existiert. Er ist nur eine Erscheinung, eine Illusion. Er existiert nicht wirklich. Wäre er wirklich, käme er einem näher, wenn man auf ihn zuginge; wäre er unwirklich, würde er sich auflösen, sobald man ihm näherkäme. Wenn er aber weder wirklich noch unwirklich ist, wenn es sich nur um eine Erscheinung, um einen Traum, um eine Illusion, um reine Einbildung handelt, bleibt er soweit entfernt wie zuvor, wie sehr man sich auch bemüht, sich ihm zu nähern.

Unwahrheit ist das Gegenteil von Wahrheit. Die Welt der Illusion, *Maya,* ist nicht das Gegenteil der Wahrheit, sondern ihr Schleier, ihre Hülle. Verlangen ist nicht das Gegenteil der Seele, des *Atman,* sondern ihr Schleier, ihre Hülle. Es ist ein Nebel, ein Rauch, der unser Wesen, unsere Existenz versteckt. Wir jagen etwas nach, was wir nicht sind, und so können wir nicht sehen, was wir wirklich sind.

Verlangen ist der Vorhang, der sich über die Seele gelegt hat, und so ist es uns nicht möglich, unsere Seele zu erkennen. Solange wir ständig etwas anderes werden wollen, können wir unser ureigenes Wesen nicht erkennen.

Falls dieses Rennen, dieses Verlangen danach, etwas anderes zu werden, auch nur für einen Moment aufhört, wird derjenige, der existiert, der ist, sichtbar – geradeso wie die Sonne sichtbar wird, wenn sich der Himmel auch nur für einen Moment auftut. Das Einstellen dieses Rennens nenne ich *Dhyana,* Meditation. Und welch ein Staunen im Augenblick, wo man erkennt, was wirklich ist! Dann sind alle unsere Wünsche erfüllt. Das Schauen der Seele ist die absolute Befriedigung aller Wünsche, denn dort fehlt nichts.

Das Denken ist ein Zeichen von Unwissenheit. Im Wissen gibt es kein Denken; man sieht direkt. Der Pfad des Denkens wird euch niemals zum Wissen führen. Bewußtsein, frei von Gedanken, ist die Tür zum Wissen. Wissen ist keine Errungenschaft, es ist eine Entdeckung. Wir brauchen es nicht zu erlangen, wir müssen es nur entdecken. Es ist immer in uns gegenwärtig. Wir müssen es ausgraben, wie wir einen Brunnen ausheben. Die Frischwasserquellen liegen tief unter der Erde, unter Felsen und Steinen begraben. Sobald alles entfernt ist, bricht die Quelle hervor.

Ich sehe Berge von Felsen und Steinen, von Gedanken, die im Quellenbett des Wissens liegen. Sobald sie entfernt sind, haben wir einen unablässigen Strom des Bewußtseins. Grabt einen Brunnen in eurem Inneren. Entfernt die Schichten von Gedanken mit dem Spaten der Meditation. Und macht durch rechte Achtsamkeit und ständiges Wachsein die Gedanken leblos. Löscht sie aus. Was ihr dann wißt, ist Weisheit. Wo keine Gedanken sind, wo das Bewußtsein nicht durch den Rauch der Ideen verdeckt wird, findet ihr zur Erkenntnis.

Ich sage nicht, ihr sollt euch in Abgeschiedenheit begeben. Ich bitte euch, Abgeschiedenheit in euch selbst zu schaffen. Eine bloße Ortsveränderung hilft nicht; eine Veränderung der Einstellung ist nötig. Der zentrale und wichtigste Punkt ist nicht die Umwelt, sondern eure geistige Einstellung. Jemand kann sich in die Abgeschiedenheit begeben, doch solange er in seinem Innern keine Abgeschiedenheit findet, wird er auch in seiner einsamen Einsiedelei noch von einer Menschenmenge umringt sein, denn seine innere Menschenmenge wird auch dort anwesend sein.

Meine Freunde, die Menschenmenge ist nicht außen, sie ist in eurem Inneren. Ihr seid umringt von einer inneren Menschenmenge – was hilft es also, vor der äußeren Menschenmenge wegzulaufen? Die Menschenmenge in euch wird euch in die Abgeschiedenheit begleiten. Es ist zwecklos, vor der Menschenmenge wegzulaufen. Die Menge der Wünsche im Inneren muß aufgelöst werden. Sucht deshalb nicht irgendwo anders nach Abgeschiedenheit. Seid nur eure innere Einsiedelei. Entzieht euch nicht der Welt, sondern schafft Wunschlosigkeit im Inneren. Sobald ihr dies fertigbringt, werdet ihr von Frieden, Glückseligkeit und Ekstase erfüllt sein. Und in diesem Augenblick der Augenblicke werdet ihr euch auch darüber klarwerden, daß es nie eine Menschenmenge, nie eine Außenwelt gegeben hat. Alles war in eurem Inneren! Der Schöpfer und die Schöpfung sind nicht voneinander getrennt. Sie sind in Wirklichkeit ein und dasselbe. Es muß in einem solchen segensreichen Augenblick gewesen sein, als die Mystiker der Upanischaden ausriefen: »*Aham Brahmasmi* – ich bin er, der Schöpfer, ich bin Gott.«

Der Staub von Jahrhunderten liegt dick auf unserem Verstand. Alte Bräuche, alte Traditionen und Aberglauben haben uns eingehüllt wie ein zusammengefallenes oder verlassenes Haus, das voll von Spinnweben ist und von den Vögeln der Dunkelheit bewohnt wird. Genauso sind wir vollgestopft mit Gedanken, die wir von anderen ausgeliehen haben. Und diese ausgeliehenen Gedanken über die Wahrheit und über Gott sind die größten Hindernisse. Sie halten uns davon ab, die Wahrheit zu erkennen. Und auf diese Weise wird die Suche nach dem Selbst, die Suche, die unser schlafendes Bewußtsein aufwecken könnte, nie in uns beginnen.

Bevor man die Wahrheit erkennen kann, muß man sich vom Wissen befreien, das man von anderen geborgt hat. Es ist kein Wissen, es ist nichts als Information. Bürstet all diese Information, die ihr von anderen und von alten Traditionen übernommen habt, ab, wie man den Staub vom Hut bürstet. So habt ihr eine klare Sicht, und der Vorhang zwischen der Wahrheit und euch selbst ist entfernt. Die Menge der Gedanken steht dazwischen wie eine Mauer.

Zwischen dem Wissen über die Wahrheit und dem Erkennen der Wahrheit an sich liegen Welten. Das Wissen über die Wahrheit ist Sklaverei unter totem, ausgeliehenem Wissen; die Erkenntnis der Wahrheit selbst ist die freie Weite des Himmels der Selbstverwirklichung. Das eine nimmt euch eure Fähigkeit zu fliegen; das andere verleiht euch Flügel, die euch zu Gott tragen können.

Das ist auch der Grund, warum ich zu euch über das Nichts, über die Leere spreche. Die Leere nimmt euch die Last der Gedanken ab. So wie jemand seine Last unten in der Ebene zurücklassen muß, bevor er den Berg besteigt, muß man sich von der Last der Gedanken befreien, bevor man sich auf die Expedition nach der Wahrheit begibt. Je leichter der Bergsteiger, desto höher kann er klettern. Ebenso wird auch jemand, der den Berg der Wahrheit erklimmen möchte, im direkten Verhältnis seiner Unbelastetheit, seiner Leere, Höhe gewinnen. Wer bis zum Gipfel gelangen möchte, zum höchsten Wesen, muß diese letzte Leere erreichen, wo das Sein zum Nicht-Sein wird. Der Gipfel der Vervollkommnung erfolgt in den tiefsten Tiefen der Leere, und die Musik der Existenz kommt aus der Stille der Nicht-Existenz – und dann weiß man, daß *Nirvana* selbst die Erkenntnis des *Brahma,* des Schöpfers, von Gott ist.

Wie könnte die Wahrheit, wo sie doch unbekannt ist,

durch das Denken erkannt werden? Das Denken ist bereits bekannt. Das ganze Bemühen ist absurd. Es gibt keinen Pfad, der vom Bekannten zum Unbekannten führt. Das Bekannte kann uns nicht zum Unbekannten führen. Das ist undenkbar. Es ist unmöglich. Das Bekannte kann sich nur im Kreise des Bekannten bewegen. Egal, wie angestrengt ich im Bereich des Bekannten nachdenke – es gibt keine Möglichkeit, darüber hinauszugehen oder daraus auszubrechen. Zwar bewege ich mich, aber es wird immer nur im Kreise sein, wie ein Ochse, der das Wasserrad dreht. Ich werde immer den gleichen Boden abschreiten, ohne irgendwohin zu gelangen. Bis jetzt ist noch niemand durch Denken zur Wahrheit gelangt. Jene, die dieses Ziel erreicht haben, sind einen anderen Weg gegangen. Ich betrachte Mahavira, Laotse, Buddha oder Jesus nicht als Denker. Keine ihrer Errungenschaften war das Resultat des Denkens. Wie erreichten sie dann ihr Ziel? Nicht, indem sie den Pfad des Denkens verfolgten, sondern indem sie einen Sprung von ihm weg machten. Ihr könnt das Unbekannte nicht erreichen, indem ihr den ausgetretenen Pfad des Bekannten beschreitet. Ihr müßt diesen Pfad verlassen und ins Unbekannte springen.

Bitte versteht die Bedeutung des Wortes »springen«. Befaßt euch eingehend mit diesem »Sprung«. Auch ihr müßt diesen Sprung machen. Ihr befindet euch auf der Ebene des Denkens. Ihr steht in Gedanken, ihr lebt in Gedanken und müßt von da den Sprung in den Bereich des Gedankenlosen machen. Ihr müßt in eine Welt springen, wo nichts als Stille herrscht. Ihr müßt vom Klang in die Stille springen. Wird euch das blosse Denken über den Sprung dorthin bringen? Werdet ihr darüber nachdenken, wie ihr springen sollt? Nein, denn damit würdet ihr euch einmal mehr an das Rad des Denkens binden, was euch nirgendwohin führt.

Denkt nicht nach – wacht auf! Beobachtet den Denkprozeß. Seht, wie er sich im Kreise bewegt. Beobachtet ihn einfach. Und während ihr beobachtet, werdet ihr in einem günstigen Augenblick merken, daß ihr ganz ohne Mühe gesprungen seid und euch in den unausgeloteten Tiefen der Leere befindet. Sobald ihr das Ufer des Bekannten verlassen habt, werdet ihr sehen, wie leicht euer Boot auf dem Ozean des Unbekannten dahinzieht.

Und welche Freude, so dahinzuziehen – auf dem Ozean des Unbekannten dahinzusegeln! Wie unbeschreiblich! Eure Ruhelosigkeit erlaubt euch nicht, zu sehen. Augen, die mit Tränen gefüllt sind, sehen nicht. Und ob sie mit Freudentränen oder mit Sorgentränen gefüllt sind, macht keinen Unterschied. Augen, die mit irgendwas angefüllt sind, können die Wahrheit nicht sehen. Um die Wahrheit zu sehen, braucht es klare Augen. Nur ein Auge, das leer wie ein Spiegel ist, kann denjenigen sehen, der alles ist.

Ich möchte euch von einem Ereignis in einem Dorf erzählen. Jemand fragte mich, wie man Gott finden könne. Ich antwortete ihm mit der Frage, ob er denn schon sich selbst gefunden habe, da er sich jetzt auf die Suche nach Gott mache. Wir möchten Gott kennen, ohne uns selbst zu kennen! Wir wissen nicht einmal, was uns am nächsten steht! Kein Wesen, nichts Existierendes steht uns näher als das Selbst – die Unwissenheit muß deshalb zuerst an diesem Punkt anknüpfen und überwunden werden. Wer nichts über sein eigenes Selbst weiß, kann kein Wissen auf irgendeiner anderen Ebene erlangen.

Die Flamme der Weisheit beginnt zuerst im inneren Wesen des Menschen zu brennen. Es ist der Osten, wo die Sonne des Wissens aufgeht. Solange dort Dunkelheit herrscht, könnt ihr sicher sein, daß auch nirgendwo anders Licht ist. Erkenne dich selbst, nicht Gott. Dieser Lichtstrahl wird letztlich in die Sonne wachsen. Wenn man sein eigenes Selbst kennt, erkennt man auch *Sat-chit-anand* – daß es Wesen, Bewußtsein und Glückseligkeit gibt, aber kein »Ich«, kein Ego. Allein diese Erkenntnis ist die Erkenntnis Gottes.

Der Mensch ist eine Seele, eingehüllt von einem Ego. Und das ist Unwissenheit. Eine Seele frei vom Ego ist Gott. Und das ist Weisheit. Wohin geht ihr auf der Suche nach eurer Seele? In keiner der zehn Himmelsrichtungen kann man sie finden. Es gibt aber noch eine weitere Richtung, eine elfte. Kennt ihr sie? Ich werde euch diese Richtung zeigen.

Ihr selbst seid diese elfte Richtung, und ihr könnt diese Richtung finden, wenn ihr aufhört, in den anderen zehn zu suchen. Die elfte Richtung ist nicht wie die übrigen zehn. Eigentlich ist es gar keine Richtung. Es ist eine Nicht-Richtung, die Verneinung der Richtung. Es führt euch dahin, von wo ihr gar nie weggegangen seid. Es ist euer eigenes Wesen, euer natürlicher Zustand.

Alle zehn Richtungen führen nach außen. Sie haben die Welt erschaffen. Die zehn Richtungen sind die Welt. Sie sind die Distanz. Wer jedoch all diese Richtungen kennt und sich in ihnen bewegt, ist mit Sicherheit getrennt von ihnen, gewiß anders als sie – sonst könnte er sie nicht kennen noch sich in ihnen bewegen. Er bewegt sich, und gleichzeitig bewegt er sich auch nicht. Solange er nicht fest in seinem eigenen Wesen verankert ist, kann er sich nicht bewegen, denn im Zentrum all seiner Bewegungen ist Bewegungslosigkeit, im Zentrum seines sich drehenden Rades ist Beständigkeit. Habt ihr je die Räder eines Karrens betrachtet? Die Räder können sich nur bewegen, weil die Achse feststehend ist. Jeder Bewegung liegt stets etwas Festes zugrunde, das sie aufrechterhält.

Das Leben ist unstet und vergänglich, die Seele aber ist beständig und bleibend. Die Seele ist die elfte Richtung. Man muß nirgendwo hingehen, um sie zu suchen. Gebt alle Suche auf und seht, wer in euch wohnt. Wacht auf und seht den, der ist. Das ist möglich, indem man die Suche aufgibt. Im Laufen ist es nicht möglich, es ist nur im Anhalten möglich.

Haltet an und schaut. Diese beiden Worte sind der Kern der Religion, die Führer auf der *Sadhana* und der ganze Schlüssel des *Yoga.* Haltet an und schaut, und die elfte Richtung öffnet sich vor euch. Durch sie begebt ihr euch in den inneren Raum. Der innere Raum ist die Seele. Ich sehe, wie ihr alle hinter etwas herrennt, aber all dieses Rennen endet bloß in einem Sturz. Seht ihr nicht, wie Leute jeden Tag hinfallen? Kommt das etwa nicht vom Rennen? Endet etwa nicht alles Rennen im Tod? Jene aber, die diese Wahrheit von Anfang an erkennen, werden am Ende vor dieser Katastrophe bewahrt.

Ich möchte, daß ihr anhaltet und schaut. Werdet ihr das tun? Hört ihr meinen Ruf mitten in eurem frenetischen

Laufen? Haltet an und schaut hin, wer da läuft. Haltet an und schaut, wer da sucht. Haltet an und schaut dieses »Ich«, dieses Selbst an. Sobald das Lauffieber vergeht, vergehen auch alle zehn Himmelsrichtungen, und nur diese eine Richtung, diese Nicht-Richtung, bleibt übrig. Sie führt euch zu den Wurzeln, zur Quelle, zum Brunnen des höchsten Wissens.

Ein *Sadhu* fragte einmal die Leute, was sie vor ihrer Geburt waren. Was werdet ihr dem *Sadhu* antworten, wenn ihr ihm begegnet? Wißt ihr, was ihr vor eurer Geburt wart? Wißt ihr, was ihr nach eurem Tod sein werdet? Wenn ihr anzuhalten und zu schauen lernt, könnt ihr es erfahren. Ihr könnt das erkennen, was vor der Geburt existierte, und das, was auch nach dem Tod noch existieren wird, und das, was in diesem Augenblick in eurem Inneren existiert. Es geht nur darum, sich etwas umzudrehen und zu schauen. Haltet an und schaut.

Ich lade euch ein, mit mir in diese wunderbare Welt zu reisen.

Haltet an und schaut.

Der zweite Morgen

Meine Freunde, wir dürfen nicht gegen uns selbst ankämpfen, wir müssen uns selbst erkennen. Alle Zusammenhanglosigkeiten und Widersprüche, die sich in uns entwickelt haben, weil wir das Selbst ignorieren, werden sich im Lichte der Selbsterkenntnis auflösen – so wie der Tau, der sich auf dem Grashalm niedergeschlagen hat, mit der aufgehenden Sonne verschwindet.

Ich kann eure Neugierde und euren Wissensdrang gut verstehen. Es drängt euch danach, zu wissen und die Wahrheit zu verstehen. Ihr wollt das Mysterium des Lebens enthüllen, damit ihr Zugang zu seiner Fülle erhaltet. Was wir aber jetzt Leben nennen, ist eigentlich gar nicht Leben. Man könnte es genausogut als ein langes, ausgedehntes Sterben bezeichnen. In Wahrheit könnt ihr das Leben nicht erlangen, ohne es zu kennen. Die Geburt ist eine Sache, das Leben eine ganz andere. Es besteht ein riesiger Unterschied zwischen dem einfachen Sich-am-Leben-Erhalten und dem Vollzug des Lebens. Der Unterschied ist so groß wie jener zwischen Tod und Unsterblichkeit. Der Tod ist das unvermeidliche Ende des Lebens, während die Vervollkommnung des eigenen Lebens gekrönt wird von einem Leben, das göttlich ist.

Für jene, die ein göttliches Leben führen möchten, die Gott und die Wahrheit kennen möchten, gibt es, so scheint mir, zwei Möglichkeiten. Eine führt über die

Moral; die andere über die Religion. Moral und Religion werden normalerweise nicht als zwei verschiedene Wege betrachtet. Man betrachtet sie als zwei aufeinanderfolgende Sprossen der gleichen Leiter. Gewöhnlich glaubt man, daß jemand, der religiös werden möchte, erst moralisch sein müsse. Ich sehe es jedoch anders.

Ich werde euch sagen, was ich erkannt habe. Ich finde nicht, daß ein moralischer Mensch unbedingt ein religiöser Mensch sein muß, wogegen ein religiöser Mensch unweigerlich moralisch ist. Man wird nicht einfach religiös, nur indem man moralisch wird, noch ist die Moral der Ausgangspunkt, die Grundlage der Religion. Im Gegenteil: Moral ist das Resultat der Religiosität. Die Blüten der Moral erblühen an der Pflanze der Religion. Moral ist der Ausdruck eines religiösen Lebens. Ich betrachte Religion und Moral als zwei verschiedene Pfade – nicht nur verschieden, sondern sogar entgegengesetzt.

Moral, Disziplin bedeutet Reinigung der Lebensführung, Reinigung des Verhaltens. Es ist ein Versuch, die Persönlichkeit des Menschen an seiner Peripherie zu verändern. Diese Peripherie der Persönlichkeit resultiert aus unserem Umgang mit anderen. Sie ist unser Verhalten, unsere Beziehung zu anderen. Wie ich mich anderen gegenüber verhalte oder benehme, das ist mein Verhalten. Verhalten ist eine Beziehung.

Ich bin nicht allein; ich bin rundum von Leuten umgeben. Und da ich in einer Gesellschaft lebe, komme ich jeden Augenblick meines Lebens in Kontakt mit irgend jemandem und beziehe mich auf jemanden. Unser Leben scheint aus diesen gegenseitigen Beziehungen zu bestehen. Und ob ich mich gut oder schlecht verhalte, hängt davon ab, ob meine Beziehungen gut oder schlecht sind.

Man bringt uns gutes Benehmen bei. Man lehrt uns, dies sei um der Gesellschaft willen notwendig, es sei eine soziale Notwendigkeit. Die Gesellschaft hat aber nichts mit euch, mit eurer einfachen, natürlichen Persönlichkeit zu tun. Von diesem Blickwinkel aus gesehen würde die Gesellschaft nichts verlieren, wenn ihr aufhören würdet zu existieren. Erst wenn ihr mit jemandem oder mit etwas in Beziehung tretet, werdet ihr für die Gesellschaft wichtig. Nicht ihr, sondern euer Umgang mit anderen ist wichtig für die Gesellschaft. Nicht ihr, sondern euer Verhalten ist bedeutsam. Darum überrascht es auch nicht, daß gutes Benehmen das Ziel der Erziehung ist, die von der Gesellschaft vermittelt wird. Für die Gesellschaft besteht der Mensch nur aus seinem Verhalten, aus nichts anderem.

Diese Erziehung zum guten Benehmen, diese Moral, welche die Gesellschaft lehrt, schafft jedoch eine Illusion. Sie hat eine grundlegende Illusion geschaffen. Es liegt nahe, daß jene, die danach streben, Gott zu erkennen und zur Religion zu gelangen, glauben, es sei notwendig, erst tugendhaft zu werden, um so Wahrheit und Rechtschaffenheit zu erlangen. Es liegt nahe, daß sie glauben, die Erkenntnis Gottes sei nur durch das richtige Verhalten möglich und daß man vor dem Anbruch der Wahrheit erst tugendhaft werden müsse. Es ist nur natürlich, daß sie glauben, die Erkenntnis der Religion und der Wahrheit werde sich allein aus einem moralischen Leben entwickeln; daß die Moral die Grundlage und die Religion der Höhepunkt sei, die Moral der Samen und die Religion die Frucht, die Moral die Ursache und die Religion die Wirkung. Dieser Gedankenverlauf scheint sehr klar und korrekt; ich möchte euch aber sagen, daß diese scheinbar einfache und klare Denkweise absolut irreführend ist und eine pervertierte Sichtweise der wirklichen Tatsachen vermittelt. In Wahrheit liegt die Sache ganz anders.

Es steht fest, daß moralische Lehren niemanden moralisch, geschweige denn religiös machen können. Sie können den Menschen bloß sozialisieren, und Sozialsein wird fälschlicherweise mit Moralischsein verwechselt. Gutes Benehmen allein macht noch niemanden moralisch. Solch eine Transformation bedarf einer inneren Reinigung. Ohne euer inneres Wesen zu transformieren, könnt ihr euer Verhalten nicht ändern. Der Versuch, die Peripherie zu verändern, ohne das Zentrum zu verändern, ist ein Hirngespinst. Der Versuch ist nicht nur nutzlos, sondern schädlich. Er ist selbstmörderisch. Ihr quält euch damit nur selbst.

Ganz ohne Zweifel befriedigt dieser Druck die Bedürfnisse der Gesellschaft, doch das Individuum bricht darunter zusammen und wird zerstückelt. Er erzeugt eine Spaltung, eine Dualität in ihm. Seine Persönlichkeit verliert ihre natürliche Einfachheit, und es leidet unter dem Konflikt in seinem Inneren. Es ist ein ständiger Kampf, ein ewiger innerer Streit, der nie mit einem Sieg enden kann. Dies befriedigt die Bedürfnisse der Gesellschaft auf Kosten des Individuums. Ich nenne das soziale Gewalt.

Was immer der Mensch durch sein Verhalten ausdrückt, ist unwichtig. Was wirklich wichtig ist, sind die inneren Beweggründe, die zu diesem Verhalten führen. Verhalten ist eine Indikation des inneren Geistes, es ist nicht die Wurzel selbst. Verhalten ist der äußere Ausdruck des inneren Geistes. Nur Ignoranten versuchen, den äußeren Ausdruck zu verändern, ohne die Ursache dieses Ausdrucks zu verändern.

Diese Form von *Sadhana* ist wertlos; sie kann nie Früchte tragen. Sie ist wie das Verhalten eines Mannes, der versucht, einen Baum zu fällen, indem er dessen Äste beschneidet. Anstatt zerstört zu werden, wird der Baum dadurch nur noch mehr wachsen. Das Leben eines Baumes liegt nicht in seinen Ästen, sondern in seinen Wurzeln, in den unsichtbaren Wurzeln, die in der Erde verborgen sind. Es sind die latenten Hoffnungen und Wünsche der Wurzeln, die ihre Form im Baum und seinen Ästen gefunden haben. Was könnte also ein Beschneiden der Äste nützen? Wenn ihr euer Leben wirklich revolutionieren wollt, müßt ihr zu den Wurzeln vordringen. Die Wurzeln des menschlichen Verhaltens liegen in seinem inneren Wesen. Sein Verhalten richtet sich nach dem inneren Wesen. Das innere Wesen richtet sich nicht nach seinem Verhalten. Darum nimmt auch jedes Bemühen, das Verhalten zu verändern, unweigerlich die Form von Unterdrückung an. Kann aber Unterdrückung irgendeine Transformation bewirken?

Was ist überhaupt Unterdrückung? Unterdrückung heißt, den spontanen Gefühlen nicht zu erlauben, im inneren Wesen zu wachsen und sich auszudrücken; sie bringt durch Zwang hervor und drückt aus, was nicht wirklich da ist.

Wohin aber geht, was wir unterdrücken? Sind wir frei

davon? Wie können wir Freiheit durch Unterdrückung erlangen? Die unterdrückten Gefühle sind weiterhin in uns, nur müssen sie jetzt tiefere, dunklere und unbewußtere Winkel finden, wo sie überleben können. Sie dringen in noch tiefere Regionen vor. Sie verstecken sich dort, wo sie auch unser Bewußtsein von der Unterdrückung nicht mehr finden kann. Doch die Wurzeln, die in die Tiefe gegangen sind, sprießen weiter; die Äste blühen und tragen Früchte, und dies führt zu einem solchen Konflikt zwischen unserem Bewußten und unserem Unbewußten, daß letztlich nur Wahnsinn dabei herauskommt.

Wahnsinn ist das natürliche Resultat einer Zivilisation, die auf dieser Art falscher, hohler Moral beruht. Der Wahnsinn nimmt deshalb mit dem Fortschreiten der Zivilisation zu, und vielleicht kommt die Zeit, wo unsere ganze Zivilisation im Wahnsinn enden wird. Die letzten zwei Weltkriege fallen unter diese Art von Wahnsinn, und wir sind dabei, auf einen dritten und vielleicht endgültigen Konflikt zuzusteuern.

Die Explosionen, die im persönlichen Leben des Menschen stattfinden, und jene, die in der Gesellschaft stattfinden – Gewalt, Vergewaltigung, Unsittlichkeit, Brutalität – sind alle das Resultat von Unterdrückung. Ein Mensch kann wegen dieser Unterdrückung kein moralisches und natürliches Leben führen, und eines schönen Tages gibt er ganz einfach den Spannungen nach. Wer Zuflucht zur Heuchelei nimmt, rettet sich zweifellos vor diesem inneren Konflikt. Man gibt vor, etwas zu sein, was man in Wahrheit gar nicht ist. Man ist frei von allen inneren Konflikten, weil man ständig irgendeine Rolle spielt.

Heuchelei entsteht ebenfalls aus einer Moral, die sich auf Unterdrückung stützt. Sie ist ein Mittel, sich vom inneren Konflikt fernzuhalten. Wie ich bereits gesagt habe, lassen wir in unserem sogenannten moralischen Leben die spontanen Gefühle nicht wachsen und sich ausdrücken, sondern wir drücken Gefühle aus, die gar nicht wirklich vorhanden sind. Der erste der beiden Prozesse führt zur Unterdrückung, der zweite macht dich zum Heuchler. Letztlich treibt einen der erste Prozeß zum Wahnsinn; der zweite zur Heuchelei. Keines dieser Resultate ist gut; keines habt ihr verdient. Leider bietet unsere Zivilisation aber nur diese beiden Alternativen. Es gibt zwar noch eine dritte Möglichkeit: das Leben eines Tieres zu führen. Aus dieser Möglichkeit wird der Kriminelle geboren. Wenn wir uns jedoch davor bewahren wollen, wie Tiere zu werden, bleiben uns in unserer Zivilisation nur zwei Alternativen.

Ein Tier zu werden bedeutet, sich ganz den unbewußten Instinkten hinzugeben. Auch das ist nicht möglich, denn was im Menschen bewußt geworden ist, kann nicht wieder unbewußt werden. Genau diese Unbewußtheit suchen wir, wenn wir uns betrinken. Die Suche nach Rauschmitteln deutet auf unseren Wunsch hin, wieder Tiere zu werden. Erst wenn er gehörig betrunken und unbewußt ist, steht der Mensch wieder im Einklang mit der Natur, mit dem Tier. Das kommt einem Tod gleich. Das ist eine ernste Sache und verdient unsere höchste Aufmerksamkeit.

Wie wird ein Mensch zu einem Tier, wenn er betrunken ist, und warum sucht er die Betrunkenheit, um wieder zum Tier zu werden? Es deutet auf die Tatsache hin, daß das Bewußtsein im Menschen nicht Teil der Tierwelt oder der Natur, sondern Teil der Gottheit ist. Es ist eine Ausdrucksmöglichkeit der Seele. Es ist ein Samen, den man nicht zerstören, sondern nähren muß. Voll ausgewachsen, führt er zu Freiheit, Befreiung und Glückseligkeit.

Was sollen wir also machen? Die Zivilisation bietet uns drei Alternativen: die des Tieres, die des Wahnsinnigen und die des Heuchlers. Gibt es denn wirklich keine vierte Alternative?

Doch, es gibt eine vierte Alternative. Ich nenne sie Religion. Sie ist der Pfad der Intelligenz und der Intuition, nicht der Bestialität, der Verrücktheit oder Heuchelei. Sie ist nicht der Pfad der Ausschweifung, der Unterdrückung oder des Rollenspielens, sie ist der Weg des wahren Lebens und des Wissens.

Sie trägt die Frucht des guten Benehmens in sich und eliminiert das Tier im Menschen; sie unterdrückt nicht die unbewußten Leidenschaften im Menschen, sondern befreit ihn aus ihrem Griff; sie führt nicht zum Vorspielen guten Benehmens, sondern zum wahren Leben. Sie ist nicht bloß das Aufsetzen einer Maske oder irgendeines äußeren Benehmens, sie ist die Transformation des inneren Wesens. Sie bringt nicht soziale, sondern persönliche Befriedigung. Sie verändert nicht unsere Beziehungen, sondern transformiert uns selbst, wodurch sich automatisch auch die Beziehungen verändern. Sie revolutioniert das eigene Wesen, dort, wo wir in uns ruhen. Damit wird automatisch auch alles rundherum transformiert.

Moral ist sozial, Religion ausschließlich persönlich. Moral ist Verhalten, Religion das innere Wesen. Moral ist die Peripherie, Religion das Zentrum. Moral ist die Persönlichkeit, Religion die Seele. Religion folgt nicht im Schlepptau der Moral, die Moral folgt immer der Religion. Die Moral kann einen Menschen nicht einmal moralisch machen, wie könnte sie ihn da religiös machen? Moral fängt mit Unterdrückung an, damit, sich etwas aufzubürden, wogegen Religion mit Erkenntnis beginnt.

Wir begegnen im Leben Bösem, Unreinem und Unwahrem. Wir müssen ihre Wurzeln finden. Wo und wie entsteht das Böse? Wo befindet sich das Zentrum, von wo diese Gifte entströmen und unser Verhalten gehässig machen? Selbst wenn wir gut und tugendsam denken: Warum vertreibt das Böse all diese Gedanken, verschlingt uns, umgibt unser Leben, durchdringt unser Verhalten? Warum ändert unsere Besessenheit immer die Richtung unserer Gedanken?

Das müssen wir beobachten und selber herausfinden. Überlegungen von anderen helfen uns nicht, denn nur im Prozeß dieses Beobachtens, dieser Selbstbeobachtung – und nur durch dieses Beobachten – entsteht die Kraft und Energie, um den eigentlichen Ursprung, der das Böse erzeugt und erhält, aufzulösen und zu zerstören. Dieses ständige Beobachten ist an sich eine *Sadhana,* denn es ist nicht einfach nur eine Methode, um das Böse zu erkennen, sie bringt es auch zum Verschwinden. Indem man das »Ich« im Inneren beobachtet, indem man wach und aufmerksam dafür wird, gelangt Licht in die dunklen Winkel in uns. Und dieses Licht beleuchtet nicht nur die Wurzeln unseres Verhaltens, es fängt auch an, sie zu transformieren.

Haltet euch stets an die folgende Maxime: Beobachten

bringt nicht nur Wissen, es transformiert auch. Tatsächlich bringt Beobachten Erkenntnis, und Erkenntnis bewirkt Transformation. Erkenntnis selbst ist Transformation, die Transformation unserer gesamten Existenz. Es ist genau so, wie wenn man die Erde abträgt, um die Wurzeln eines Baumes freizulegen und sie ans Licht zu bringen. Damit kann ich nicht nur die Wurzeln genau erkennen, sondern sie auch zerstören, indem ich sie aus der Dunkelheit ans Licht bringe und sie von der Erde trenne. Und während ich die Wurzeln des Baumes weiter beobachte, sterben die Äste ab.

Beobachten kann zur Zerstörung der Wurzeln der Leidenschaften führen. Sie vertragen das Licht nicht. Das Böse verträgt die Erkenntnis nicht. Als Sokrates sagte: »Erkenntnis ist Tugend«, wollte er höchstwahrscheinlich genau dies ausdrücken. Ich sage das gleiche: Erkenntnis ist Tugend, Unwissenheit ist das Böse. Licht ist Moral, Dunkelheit ist Unmoral.

Beobachten, das ständige Beobachten seiner selbst, der unbewußten Neigungen des eigenen Denkens, erweckt das Bewußtsein und erlaubt ihm, ins Unbewußte einzudringen. Durch die Türen der Benommenheit, der Unwissenheit, der Trunkenheit und Fahrlässigkeit tritt das Unbewußte ins Bewußtsein und kann es dominieren. Wir haben gesehen, wie animalische Tendenzen aus dem Verhaftetsein hervorgehen. Wut und Gier ergreifen nur Besitz von uns, wenn wir unbewußt sind, und dann sehen wir uns nach Rauschmitteln um, mit deren Hilfe wir unsere tierischen Instinkte befriedigen.

Das Bewußtsein dringt durch das Bezwingen der Benommenheit, durch Wachsamkeit, Aufmerksamkeit und Bewußtheit ins Unbewußte und festigt dort seine Autorität. In dem Maße, wie Wachsamkeit und Bewußtheit in uns wächst, wie sich rechte Achtsamkeit und das Beobachten unserer Neigungen, Aktivitäten, Leidenschaften und Wünsche in uns entwickeln, werden wir von Bewußtheit erfüllt. Und diese Triebe und Ausbrüche der Leidenschaft, diese blinden, unbewußten Impulse verschwinden, denn sie können nur in einem Zustand des Schlafs, der Unempfindlichkeit und des Wahns existieren. Im Zustand der Bewußtheit können sie nicht existieren.

Denkt daran, daß noch nie jemand etwas Unrechtes getan hat, während er bei Sinnen war, wenn er bewußt war. Alle Sünde kommt aus dem Verhaftetsein. Sie ist das Verhaftetsein selbst. Für mich ist nur das Verhaftetsein eine Sünde. Beobachten vertreibt das Verhaftetsein. Deshalb ist es für euch wichtig zu sehen, was Beobachten ist und wie es erweckt werden kann.

Was ist also Selbstbeobachtung? Ich sitze ruhig, genau wie ich es gestern erklärt habe, als wir über das Experiment der rechten Achtsamkeit sprachen, und beobachte, was immer auch in meinem Inneren vor sich geht. In mir ist eine Welt von Gedanken und Leidenschaften. Ich beobachte diese Welt. Ich beobachte sie einfach weiter, wie ein Mann, der am Ufer steht und den Meereswellen zuschaut. Krishnamurti nannte dies »wahllose Aufmerksamkeit«. Es ist ein absolut losgelöstes Beobachten.

Losgelöstheit bedeutet, daß ich weder eine Wahl noch eine Entscheidung treffe. Keine der Leidenschaften oder Wünsche bezeichne ich als gut oder schlecht. Ich unterscheide nicht zwischen gut und böse, zwischen Tugend und Laster. Ich beobachte nur. Ich werde einfach nur zum Zeugen, stehe abseits und losgelöst, als ob ich kein anderes Interesse hätte, als zu erkennen und zu beobachten. Sobald sich ein Zweck einschleicht, sobald eine Wahl oder ein Urteil gefällt wird, hört das Beobachten auf. Dann beobachte ich nicht mehr; dann habe ich zu denken begonnen.

Versucht bitte den Unterschied zwischen Denken und Beobachten zu verstehen. Bei diesem Prozeß denken wir nicht. Denken ist die Tätigkeit des Bewußten innerhalb des Bewußtseins, während Beobachten das Eindringen des Bewußtseins ins Unbewußte ist. Sobald das Denken hinzukommt, beginnt man zwischen gut und böse zu unterscheiden, und auf subtile Art und Weise fängt man an zu unterdrücken. Dann verschließt das Unbewußte seine Türen, und das Erkennen seiner Mysterien entzieht sich uns. Das Unbewußte enthüllt seine Geheimnisse nicht dem Denken, sondern der Beobachtung, denn wenn keine Unterdrückung da ist, steigen die Impulse und Neigungen des Unbewußten natürlich, spontan, in absoluter Nacktheit und Wirklichkeit auf, und dann ist es nicht länger nötig, diese Impulse, Neigungen und Leidenschaften zu verstecken. Das Unbewußte steht in seiner Nacktheit völlig enthüllt vor uns. Und wie erschreckend ist das doch! Wie fürchtet sich ein Mensch, wenn er die nackte Gestalt sieht, die tief in seinem Inneren wohnt! Er möchte am liebsten die Augen vor ihr verschließen. Er möchte am liebsten damit aufhören, diese Tiefen zu beobachten, und auf die weltliche Ebene zurückkehren.

In diesen Augenblicken wird unser Mut und unsere Gelassenheit geprüft. Ich würde sagen, dies sei der Augenblick der Sühne. Wer durch diesen Augenblick mit Mut und Gelassenheit hindurchgeht, wird Meister der Erkenntnis, und ein wunderbares Mysterium entfaltet sich vor ihm. Er hat einen direkten Einblick in die Wurzeln der Leidenschaft und dringt ins Herz des Unbewußten vor. Und dieser Eintritt bringt ihm eine Art übernatürliche Freiheit.

Von der Meditation zum Beobachten, vom Beobachten zur Erkenntnis, von der Erkenntnis zur Freiheit – das ist der Weg. Das ist der Weg der Religion, des *Yoga*. Ich möchte, daß ihr diesen Weg versteht und ihn beschreitet. Dann werdet ihr die Alchemie der Transformation des Verhaltens durch die innere Revolution kennen. Dann werdet ihr sehen, daß Religion, nicht Moral, die Grundlage ist und daß die Moral der Religion entspringt. Die *Sadhana*, die geübt werden muß, ist nicht Moral, sondern Religion. Die Moral folgt im Kielwasser der Religion, wie die Radspuren eines Ochsenkarrens dem Karren folgen. Wenn euch dies klar wird, werdet ihr euch einer sehr bedeutenden Wahrheit bewußt, und eine große Illusion löst sich auf.

Ich sehe die Transformation der Menschheit vom Standpunkt der inneren Revolution aus, von diesem Eindringen des Bewußtseins ins Unbewußte. Aufgrund dieses Wissens kann ein neuer Mensch entstehen und können die Fundamente einer neuen Kultur und einer neuen Menschheit gelegt werden. Ein solcher Mensch, der durch Selbsterkenntnis aufgewacht ist, ist auf natürliche Weise moralisch. Er braucht die Moral nicht zu kultivieren. Sie ist weder das Resultat seiner Handlungen noch seiner Bestrebungen. Sie strahlt von ihm aus, wie das Licht von einer Lampe ausstrahlt. Sein gutes Benehmen beruht nicht auf der Ablehnung seines Unbewußten, sondern kommt aus der Fülle seines inneren Wesens. Er tut alles mit seinem ganzen Wesen. In ihm ist eine Einheit, keine Dualität oder Vielfalt. Ein solcher Mensch ist integriert; ein solcher Mensch ist frei von Dualität.

Und die göttliche Musik, die man hört, wenn man alle Konflikte und Fesseln hinter sich gelassen hat, ist weder von dieser Welt noch von diesem Raum. Eine zeitlose Symphonie, ein glückseliger Klang schwingt in uns in diesem Augenblick des Friedens, der Unschuld und der Freiheit von aller Disharmonie. Der Rhythmus dieser Musik bringt uns in Einklang mit dem Unendlichen.

Diese Erfüllung ist für mich Gott.

Der zweite Abend

Die erste Frage: *Denkst du, moralisch zu sein sei etwas Schlechtes?*

Nein. Ich betrachte es nicht als etwas Schlechtes, aber ich betrachte die Illusion, moralisch zu sein, als schlecht. Sie stellt sich der wahren Moral in den Weg.

Falsche Moral ist nur ein äußerer Anstrich, eine Fassade. Sie dient zu nichts anderem, als die Heuchelei zu befriedigen, und meiner Ansicht nach gibt es nichts Unmoralischeres als Heuchelei und Egoismus. Die falsche Moral trägt Demut und Egolosigkeit zur Schau, darunter aber wird das Ego genährt und blüht auf. Seht ihr diese Wahrheit etwa nicht in den sogenannten *Sadhus* und Heiligen dieses Landes? Diese Scheinmoral, die man übernommen, kultiviert und sich mühevoll angeeignet hat, ist meiner Meinung nach reine Schauspielerei. Oft spielt sich im Inneren eines Menschen genau das Gegenteil ab. Was an der Oberfläche erscheint, fehlt im Inneren. Oben sind Blumen und darunter Dornen. Und dieser ständige Kampf zwischen dem äußeren Verhalten und dem inneren Wesen, diese unüberbrückbare Kluft zwischen Bewußtsein und Unbewußtem spaltet und desintegriert die menschliche Persönlichkeit. In einem solchen Menschen herrscht keine Harmonie. Und wo weder Harmonie noch Musik ist, gibt es keine Freude. Meiner Meinung nach ist ein wirklich moralisches Leben ein Ausdruck von Freude.

Moral ist ein Ausdruck von Freude, ihr spontaner Ausdruck. Wenn Freude aus dem inneren Wesen fließt, drückt sie sich in rechtem Lebenswandel und Moral aus. Der Duft der Glückseligkeit, den ein solcher Mensch verströmt, ist das wirklich Gute des Lebens.

Ich bitte euch deswegen, Harmonie und nicht Konflikt zu schaffen. Bitte versucht, diese Wahrheit zu erkennen. Hört mir nicht einfach nur zu, sondern versucht, sie auch zu leben. Dann werdet ihr sehen, wie wir unser Leben eigenhändig in eine Anarchie des Konflikts und der inneren Dualität geworfen haben – ein Leben, das wir in einen unaufhörlichen und wunderschönen Tanz zur göttlichen Musik hätten verwandeln können.

Die Moral kommt von selbst, genau wie am Baum Blüten erscheinen. Sie ist keine Errungenschaft. Die Samen der Meditation werden gesät, und die Moral wird geerntet. Moral ist nichts, was man durch Anstrengung erlangen könnte. Sie ist etwas, was man durch Meditation erreicht. Aus Meditation fließt Frieden, Harmonie und Schönheit. Und wer in seinem Inneren friedlich ist, ist unfähig, andere ruhelos zu machen. Wer Musik in seinem Inneren hat, wird sehen, wie das Echo seiner Musik in allen, die um ihn sind, wiederhallt, und wer Schönheit in sich trägt, wird feststellen, daß sein Verhalten alles Häßliche zum Verschwinden bringt. Ist nicht all das an sich schon Moral?

Die zweite Frage: *Du sagst, Moral sei eine soziale Notwendigkeit. Hat sie für das Individuum keinen Wert?*

Moral oder moralisches Verhalten ist nur nützlich, was die Gesellschaft betrifft; dem Individuum bringt sie keinen Nutzen, sondern Freude. Daher werden die Bedürfnisse der Gesellschaft sogar durch eine Scheinmoral befriedigt, für das Individuum jedoch ist das bei weitem nicht genug. Euch den anderen gegenüber gut zu benehmen, reicht für die Gesellschaft, für euch aber reicht das nicht. Ihr müßt viel weiter schauen: ob ihr in eurem Inneren gut seid oder nicht. Die Gesellschaft kümmert sich nur um eure Persönlichkeit, nicht um euer inneres Wesen. Für euch ist die Persönlichkeit aber nichts weiter als ein Gewand. Ihr beginnt dort, wo diese Hülle aufhört. Getrennt davon liegt hinter der Maske der Persönlichkeit euer wahres Wesen. Und dort wird die wahre Moral geboren.

Eine Gesellschaft, die sich auf eine falsche Moral stützt, bezeichnet man als Zivilisation, während man eine Gesellschaft, die aus Menschen besteht, welche zur Realität des Lebens vorgedrungen sind, als Kultur bezeichnet. Darin liegt der Unterschied zwischen Zivilisation und Kultur. Zivilisation ist nützlich, Kultur hingegen ist innere Harmonie und Freude.

Was heute vorherrscht, ist eine Zivilisation, keine Kultur. Wir können diese Kultur jedoch erschaffen, wenn wir uns alle darum bemühen. Zivilisation entsteht, wenn wir den Umgang mit unseren Mitmenschen bereinigen; Kultur aber entsteht, wenn wir uns selbst reinigen, wenn wir tugendhaft werden. Zivilisation ist der Körper, Kultur die Seele. Nur Menschen, die tief in ihren Seelen verwurzelt sind, können eine Kultur hervorbringen.

Die dritte Frage: *Ist Religion nicht gesellschaftlich? Ist sie rein persönlich?*

Ja, Religion ist eine absolut persönliche Angelegenheit. Die Gesellschaft besitzt keine Seele, kein eigentliches Bewußtseinszentrum. Die Gesellschaft ist nur das Resultat unserer wechselseitigen Beziehungen. Nur das Individuum hat eine Seele, und darum muß Religion auch individuell sein. Religion ist nicht eine meiner Beziehungen, sie ist mein Wesen. Die Entdeckung meiner wahren Natur, meines wahren Wesens und dessen entsprechender Ausdruck ist Religion.

Religion, *Dharma* ist Selbsterkenntnis. Da Religion nicht gesellschaftlich ist, bezieht sich unsere *Sadhana*, unsere religiöse Praxis, nicht auf eine Gruppe; vielmehr wirft unsere religiöse Erfahrung ihr Licht auf die Gruppe, auf die Gesellschaft. Obwohl die Praxis der Religion rein persönlich ist, hat sie ihre Auswirkung auf die Gesellschaft. Wenn ein Mensch von einem inneren Licht erfüllt ist, wird auch sein äußeres Verhalten davon durchdrungen. Das innere Wesen ist individuell, persönlich, das Verhalten jedoch gesellschaftlich.

Eine *Sadhana* kann niemals kollektiv sein, denn man kann sein eigenes Selbst nicht in der Gesellschaft anderer finden, sondern nur allein, ganz allein. Plotinus meint ganz richtig: »Es ist der Flug des Einsamen zum Einsamen.« Das stimmt völlig. Der Flug ist tatsächlich sehr einsam, ohne Begleitung. Aber die Freude, die der Flug verleiht, steckt die anderen an, und sie werden ebenfalls berührt. Was man in der Einsamkeit erlangt, im Alleinsein mit sich selbst, verbreitet seinen Duft in alle vier Winde.

Die vierte Frage: *Was ist Gott?*

Gott ist keine Person, er ist eine Erfahrung. Die Vision, die Erfahrung des Universums, nachdem sich das Ego aufgelöst hat, bezeichne ich als Gott. Es gibt keine bestimmte Art Gotteserfahrung, die Erfahrung vollkommener und universeller Liebe ist Gott. Sie besitzt kein Zentrum; sie ist die ganze Existenz. Die gesamte Existenz ist ihr Zentrum. Es ist falsch, von einer Gotteserfahrung zu sprechen, doch man könnte sagen, die Erfahrung vollkommener Liebe sei Gott.

Liebe ist die Beziehung zwischen zwei Menschen. Wenn ebendiese gleiche Beziehung zwischen einem Individuum und der ganzen Existenz besteht, nenne ich das Gott. Die höchste Stufe der Liebe, ihr Erblühen, ist Gott. Das erinnert mich an einen Ausspruch Christi: »Gott ist Liebe.«

Liebe ist das, was übrigbleibt, sobald das »Ich« verschwunden ist. Liebe ist das, was übrigbleibt, wenn die Mauern, die das Ego umgeben, einstürzen. Und die Liebe selbst ist Gott. Es ist darum unmöglich, Gott zu erkennen; hingegen ist es möglich, Gott zu werden.

Die fünfte Frage: *Du hast gesagt, das Leben, das wir leben, sei eigentlich gar kein Leben, sondern nur ein langer, anhaltender Prozeß des Sterbens. Was willst du damit sagen?*

Es ist wirklich so, daß das, was wir Leben nennen, gar kein Leben ist. Wie könnte es sonst, wenn es wirklich Leben wäre, im Tod enden? Leben und Tod widersprechen sich gegenseitig, wie könnte da der Tod die Erfüllung des Lebens sein? Der Tod ist das Ende der Geburt, nicht des Lebens.

Und denkt nicht, der Tod fange erst am Ende an, nur weil er am Ende kommt. Er ist bereits in der Geburt vorhanden. Er fängt gleich am Tag unserer Geburt an. Nach der Geburt sterben wir jeden Augenblick. Wenn dieser Prozeß des Sterbens vollendet ist, nennen wir ihn Tod. Was bei der Geburt als Samen da war, erscheint am Ende in seiner ausgereiften Form. Darum ist nach dem Tod auch nichts sicher, der Tod selber jedoch ist sicher. Er ist sicher, weil er bereits mit der Geburt kommt. Geburt ist bloss ein anderer Name für den Tod; sie ist der Samen des Todes. Versteht dies genau. Am Tag unserer Geburt fangen wir zu sterben an. Darum sage ich, daß das Leben, wie wir es kennen, kein Leben ist, sondern ein langer, langsamer, gradueller Sterbensprozeß.

Und weil wir nur mit diesem graduellen Sterben vertraut sind, nicht aber mit dem Leben, sind wir ständig damit beschäftigt, ihm zu entrinnen. All unsere Pläne und Aktivitäten zielen auf eine gewisse Sicherheit und Selbstverteidigung ab. Was machen wir denn? Sind wir nicht damit beschäftigt, uns ständig gegen den Tod zu verteidigen? Aus dem gleichen Grund, aus dieser Verteidigungshaltung, wird der Mensch religiös. Darum fühlt man sich zur Religion hingezogen, sobald man spürt, daß der Tod naht. Die Religion alter Leute fällt zum größten Teil in diese Kategorie. Ich betrachte dies nicht als wahre Religiosität. Sie ist nur ein Ausdruck der Furcht vor dem Tod. Sie ist die letzte Sicherheitsmaßnahme. Wahre Religiosität entsteht nicht aus Angst, sondern aus der Erfahrung des Lebens.

Wir sollten uns bewußt sein, daß alles, was wir bis jetzt kennen, nichts als Tod ist – und dieses Wissen um den Tod führt zur Unsterblichkeit. Der Körper stirbt; er stirbt jeden Augenblick. Indem wir den Körper beobachten, indem wir uns dieser sterblichen Hülle bewußt werden, fangen wir an, das zu erfahren, was nicht unser Körper ist. Das zu kennen, was nicht der Körper ist – die Seele zu kennen – bedeutet, das Leben in seiner Realität zu kennen, denn die Seele wurde nie geboren und stirbt deshalb auch nie. Die Wahrheit existierte vor unserer Geburt, und sie wird auch noch nach unserem Tod existieren. Das ist Leben. Das Leben ist nicht die Zeitspanne zwischen Geburt und Tod – im Gegenteil, Geburt und Tod gehören nur zu den vielen Episoden, die sich in seinem Verlauf abspielen.

In Meditation, wenn der Verstand still und leer ist, kann man etwas erkennen, was nicht zum Körper gehört und von ihm losgelöst ist. Solange der Verstand ruhelos ist, kann man es nicht sehen, genau wie man nicht in die Tiefen eines Sees blicken kann, solange seine Oberfläche gekräuselt ist. Und weil der ständige Fluß von Gedankenwellen den Verstand kräuselt, bleibt verborgen, was sich unter ihnen verbirgt – und wir verwechseln die Oberfläche mit der ganzen Wahrheit. Der Körper, der doch nur unser Haus ist, scheint unser ein und alles zu sein. Das erzeugt die Illusion, der Körper sei unser Wesen, unser Leben. Ihr meint, euer ganzes Wesen beschränke sich ausschließlich auf den Körper. Diese Identifizierung mit dem Körper, diese Illusion des Einsseins mit dem Körper erlaubt uns nicht, unser wahres Selbst zu erkennen, und wir halten den graduellen Prozeß des Sterbens, der sich über eine gewisse Zeitspanne erstreckt, für das Leben. Den gleichen Fehler würden wir begehen, wenn wir das Errichten und Abreißen unseres Hauses als unsere eigene Geburt und unseren Tod betrachten.

Diese Finsternis verschwindet aber mit dem Einzug geistigen Friedens. Die durch diese geistige Unruhe hervorgerufene Illusion wird von Ruhe vertrieben. Was durch die Wellen verborgen blieb, wird von der Wellenlosigkeit enthüllt. Und so erkennen wir zum ersten Mal den Bewohner dieses Körpers. Sobald wir ihn kennen, bleibt der Tod nichts weiter als ein Ausziehen alter Kleider und die Geburt ein Überziehen neuer Kleider. Und dann ist da ein Wesen, das keine Kleider benötigt. Ich betrachte einen Menschen nur als lebendig, wenn er diese Art von Leben kennt. All jene, die den Körper als ihr Wesen betrachten, sind immer noch tot. Ihr wahres Leben hat noch nicht angefangen. Sie sind in einem Traum, im Schlaf, in Ohnmacht befangen.

Ohne von diesem Traum, von dieser Illusion aufzuwachen, wonach der Körper unser Wesen ist, wird der Mensch nie sein eigenes Wesen, seine Essenz, seinen Wesenskern, sein Leben erkennen können. Die Welt ist voller Toter, voller lebender Toter, und die Mehrheit der Menschen stirbt, ohne je gelebt zu haben. Sie sind ausgebrannt vom ständigen Versuch, sich gegen den Tod zu wehren, und sie erkennen nie, wer in ihrem Inneren ist – unsterblich, jenseits des Todes.

Die sechste Frage: *Aus deinen Worten schließe ich, daß ich tot bin. Was soll ich machen, um zum Leben zu erwachen?*

Mein Freund, wenn du nur so denkst, weil ich es sage, hat dies keinen Wert. Vergiß, was ich und andere gesagt haben, und schau nochmal hin. Du mußt es selber sehen. Dieses Sehen selbst wird zu einem Pfad, der dich zum Leben erweckt. Dann brauchst du nicht mehr zu fragen: »Was soll ich machen, um zum Leben zu erwachen?«

Wer realisiert hat, daß er tot ist, daß seine Existenz und seine Persönlichkeit schon immer tot gewesen sind, wird gleichzeitig auch das zu sehen anfangen, was nicht tot ist. Um es aber sehen zu können, muß sich die geistige Ruhelosigkeit legen. Das Sehen, *Darshan,* ist nur möglich, wenn der Verstand still, leer, frei von Leidenschaft ist. Vorerst sind nur Gedanken da. Es ist kein Sehen, kein *Darshan.* Zu denken, was ich euch gesagt habe, sei richtig, ist selbst auch wieder nur ein Gedanke. Dieser Gedanke hilft nicht im geringsten.

Das Denken kann die Wahrheit nicht enthüllen, denn alle Gedanken sind geborgt. Alle Gedanken gehören anderen. Sie verstecken die Wahrheit nur noch mehr. Habt ihr je bemerkt, daß all eure Gedanken von anderen geborgt sind, daß sie eigentlich anderen gehören? Ihr habt Falschgeld angehäuft. Stützt euch nicht darauf, denn es ist in Wirklichkeit kein Kapital. Mit solchem Kapital gebaute Schlösser gleichen denen, die man in Träumen baut. Sie sind unwirklicher als Kartenhäuser.

Ich möchte euch nicht zum Denken anregen. Ich möchte euch nicht mit geborgten Dingen füllen. Ich möchte nicht, daß ihr denkt – ich möchte, daß ihr aufwacht. Ich möchte, daß ihr zu denken aufhört und schaut. Und dann seht, was passiert. Rückt vom Denken zum Sehen. Nur das wird euch zur Wahrheit und zum echten Kapital, zum wirklichen Reichtum führen, der euch gehört. Wie dieser Prozeß des Sehens ohne zu denken den Vorhang vor dem Mysterium hebt, kann man nicht wirklich wissen, ohne es selbst zu tun.

Denkt daran, es gibt keine wertvolle Erfahrung in der Welt, die euch andere vermitteln könnten. Alles, was sich weitergeben läßt, kann niemals wertvoll sein. Man kann eine Erfahrung auch nie vermitteln. Materielle Dinge kann man geben, nehmen, austauschen, Lebenserfahrung jedoch kann man nicht austauschen. Der Natur der Erfahrungen gemäß können euch weder Mahavira noch Buddha noch Krishna noch Christus etwas geben. Und denen, die sich am Denken festklammern und deren Gedanken als die Wahrheit akzeptieren, wird sich die Wahrheit entziehen. Nur die Wahrheit, die der Mensch selbst erkennt, nicht die von anderen geborgte, kann ihn befreien.

Die Gita, den Koran oder die Bibel auswendigzulernen hat keinen Zweck. Das wird euch kein Wissen bringen. Im Gegenteil, es wird eure eigene Fähigkeit zur Selbsterkenntnis ersticken, und ihr werdet nie die Wahrheit von Angesicht zu Angesicht erblicken. Die Worte, die ihr aus den *Shastras,* den heiligen Schriften, auswendiggelernt habt, werden sich immer zwischen euch und die Wahrheit stellen. Sie werden einen Nebel und Staub erzeugen, und ihr werdet nicht sehen können, was wahr ist. Wir müssen alles wegräumen, was zwischen uns und der Wahrheit steht.

Um die Wahrheit erkennen zu können, brauchen wir keine Gedanken hinzuzuziehen. Entledigt euch von allem, und ihr werdet euch öffnen. Dann kommt es zu einer Öffnung, durch die die Wahrheit in euch eindringen und euch transformieren wird. Hört auf zu denken und schaut. Öffnet die Tür und schaut. Das ist alles, was ich zu sagen habe.

Die siebte Frage: *Hälst du also das Studieren der* Shastras *für unnötig?*

Was soll denn das Studieren der *Shastras,* der heiligen Schriften? Auf diese Art könnt ihr kein Wissen erlangen. Es ist reine Gedächtnisübung. Ihr könnt zwar ein paar Dinge lernen, aber lernen und wissen sind zwei ganz verschiedene Dinge. Ihr lernt etwas über Gott, über die Wahrheit, über die Seele. So werdet ihr vorgefertigte Antworten auf diesbezügliche Fragen geben können. Dabei besteht aber überhaupt kein Unterschied zu dem, was der Papagei jeden Morgen bei euch zu Hause wiederholt – nämlich was man ihn zu sagen gelehrt hat. Die Wahrheit läßt sich nicht in den heiligen Schriften auffinden. Sie liegt im Selbst, in euch selbst.

Die *Shastras* bestehen nur aus Worten, und sie haben nur eine Bedeutung, wenn man die Wahrheit in sich selbst erkannt hat. Sonst sind sie nicht nur nutzlos, sie sind sogar schädlich. Man kann die Wahrheit nicht erkennen, indem man die *Shastras* lernt, hingegen kennt man sicher auch die *Shastras,* wenn man die Wahrheit kennt.

Was aber sehe ich? Die Leute studieren die *Shastras* anstatt die Wahrheit, und sie sind zufrieden mit dem Wissen, das sie durch ihre Studien erlangt haben. Welch hohle und falsche Befriedigung! Heißt das etwa, daß wir die Wahrheit im Grunde genommen gar nicht kennen wollen, daß wir nur die anderen glauben machen wollen, die Wahrheit zu kennen? Wer die Wahrheit wirklich kennen will, gibt sich niemals mit bloßen Worten zufrieden. Habt ihr je gehört, daß jemandes Durst durch das Wort »Wasser« gelöscht worden wäre? Und wenn er mit einem einfachen Wort gelöscht werden könnte – heißt das nicht, daß es von Anfang an gar kein wirklicher Durst war?

Es reicht vollauf, wenn die *Shastras* uns nur eines lehren könnten: daß die Wahrheit nicht durch sie erlangt werden kann. Das ist ihr einziger Nutzen. Wenn das Wort uns nur sagen könnte, daß das Wort nutzlos ist, würde es bereits seinen Zweck erfüllen. Es wäre genug, wenn die *Shastras* uns keine Befriedigung bringen, sondern eine Unzufriedenheit in uns wecken würden, wenn sie uns, anstatt Wissen zu vermitteln, auf unsere Unwissenheit hinweisen würden.

Auch ich rede nur in Worten, und so sind auch die *Shastras* entstanden. Solange ihr euch nur an die Worte klammert, bleibt mein ganzes Bemühen sinnlos. Egal, wieviel ihr euch davon merken könnt, sie sind alle nutzlos. Auch sie werden euren Verstand gefangen halten, und dann werdet ihr euer ganzes Leben lang in eurem selbstgemachten, aus Worten errichteten Gefängnis umherwandeln. Wir sind alle in selbstgemachten Gefängnissen eingeschlossen. Wenn ihr die Wahrheit kennen wollt, brecht aus diesem

Gefängnis aus Worten aus, reißt die Mauern ein und verbrennt den Thron der Information zu Asche. Aus dieser Asche wird das Wissen geboren, und in einem freien Bewußtsein werdet ihr die Wahrheit sehen. Die Wahrheit wird früher oder später kommen, nur müßt ihr erst Platz in euch schaffen. Werft ihr die Worte hinaus, nimmt die Wahrheit den freigewordenen Platz ein.

Die achte Frage: *Wird der Mensch sich nie selbst bezwingen können, indem er sich unterdrückt und gegen sich selbst ankämpft?*

Was meinst du mit den Worten »unterdrücken« und »gegen sich selbst ankämpfen«? Bedeuten sie nicht, daß sich das Individuum spaltet? Es wird gegen sich selbst kämpfen. Das heißt, daß es gleichzeitig angreift und verteidigt. So ist es beides, Freund und Feind. Seine Energie wird von beiden Seiten aufgebraucht. Das kann nie zu einem Sieg führen, es wird uns nur schwächen und unsere Kräfte aufzehren. Stellt euch vor, was passiert, wenn ich meine beiden Hände gegeneinander kämpfen lasse. Das gleiche passiert, wenn ich gegen mich selbst ankämpfe. Ein solcher Kampf ist die reinste Dummheit.

Mein Freund, du brauchst nicht gegen dich selbst zu kämpfen, du mußt dich selbst kennenlernen. Die Widersprüche und die inneren Konflikte, die in uns aus Unwissenheit entstanden sind, verschwinden im Licht der Selbsterkenntnis, genau wie der Tautropfen auf dem Grashalm verdunstet, wenn die Sonne am Morgen aufgeht. Sieg über sich selbst kommt durch Erkenntnis, nicht durch Konflikt, denn es gibt niemanden zu besiegen. Es gibt keinen anderen, nur Unwissenheit. Und was soll man besiegen, solange Unwissenheit herrscht? Sie verschwindet, sobald Wissen da ist. Unwissenheit ist bloß ein negativer Ansatz, ist Abwesenheit von Wissen. Wer gegen die Unwissenheit ankämpft, kämpft gegen Schatten. Er beschreitet von vornherein den Pfad der Niederlage.

Dieses Konzept des Krieges gegen sich selbst, diese Selbsteroberung, stammt aus der Betrachtung vom Konflikt zwischen Feinden in der Außenwelt. Genau wie wir in der äußeren Welt Gewalt gegen unsere Feinde anwenden, wollen wir auch in unserer inneren Welt Gewalt anwenden. Welch ein Wahnsinn! Auch in der äußeren Welt hat Gewalt noch nie jemanden erobert. Erobern und Besiegen sind zwei völlig verschiedene Dinge.

Aber in der inneren Welt können wir nicht einmal Gewalt anwenden, um unseren sogenannten Feind zu bezwingen, denn da ist niemand, den man bezwingen könnte. Selbsterkenntnis entsteht nicht aus Konflikt, sondern aus Wissen. Darum sage ich: Kämpft nicht, wißt. Vergeßt den Krieg und wählt das Wissen.

Und laß dir dies ein Leitsatz sein: Entdecke und erkenne dich selbst. Laß nichts in dir unbekannt. Laß keinen einzigen Winkel unerforscht und im dunkeln. Wenn du mit all deinen inneren Räumen vertraut geworden bist, wird diese Erkenntnis zur Selbsteroberung.

Wir wissen alle, daß sich in dunklen Häusern, in Ecken und in Kellern, wohin kein Sonnenlicht oder frische Luft eindringt, Schlangen, Skorpione und Fledermäuse einnisten; und wenn die Besitzer ihr Haus nicht bewohnen, es nie betreten, ist es da erstaunlich oder unnatürlich, wenn sich ihr Haus in einem derart miserablen Zustand befindet? Das ist mit uns passiert. Auch wir sind Eigentümer solcher Häuser, und wir haben sogar vergessen, wo die Eingangstüren sind. Durch unsere ständige Abwesenheit und den Mangel an Licht sind sie zu Unterkünften unserer Feinde geworden.

Die neunte Frage: *Du sagst, die Unterdrückung unserer Leidenschaften sei schädlich. Meinst du damit, es sei besser, sich ihnen voll hinzugeben?*

Ich lehre weder Unterdrückung noch Zügellosigkeit. Ich lehre das Erkennen von Unterdrückung und Zügellosigkeit. Unterdrückung und Zügellosigkeit entstehen aus Unwissenheit, beide sind schädlich. Unterdrückung ist lediglich eine Reaktion auf Zügellosigkeit. Sie ist nur deren Umkehrung. Sie ist nur die auf den Kopf gestellte Zügellosigkeit. Diese unterscheidet sich nicht sehr von Unterdrückung. Sie ist dasselbe, nur auf den Kopf gestellt.

Jemand erzählte mir von einem *Sadhu,* der immer sein Gesicht vom Geld abwandte. Ist dieses Wegschauen aber etwas so anderes, als wenn einem beim Anblick von Geld das Wasser im Munde zusammenläuft? Das gleiche passiert, wenn man versucht, vor der Gier davonzulaufen. Die Gier wird damit nicht aufhören zu existieren, sie wird nur eine neue Form annehmen. Und das Hauptproblem besteht darin, daß sie in dieser neuen Form so stark wie eh und je ist – und noch geschützter, denn jetzt ist sie für dich unsichtbar. Darum bleibt sie auch intakt. Darüber ist jetzt noch die Illusion der Begierdelosigkeit dazugekommen. Das ist, als würde man zwei Feinde einladen, während man versucht, einen zu vertreiben.

Ich möchte, daß ihr alle hier Begierde und Haß kennenlernt. Ihr sollt nicht gegen sie ankämpfen, noch sollt ihr ihnen blind folgen. Ihr sollt wachsam bleiben. Ihr sollt sie beobachten und mit all ihren Formen, Stärken und Auswirkungen vertraut werden.

Habt ihr je bemerkt, wie die Wut verschwindet, wenn ihr sie beobachtet? Ihr gebt ihr jedoch sofort nach oder ihr unterdrückt sie. Wie immer dem auch sei, ihr beobachtet sie nicht. Sie bleibt ungesehen und unerkannt. Genau da machen wir den Fehler, und Ausschweifung und Zügellosigkeit tragen beide zu diesem Irrtum bei.

Neben diesen beiden gibt es aber noch eine dritte Möglichkeit, und diese möchte ich euch empfehlen. Sie besteht darin, eure Neigungen zu beobachten – ohne etwas mit ihnen zu machen, sie einfach nur zu beobachten. Wenn das Auge einmal anfängt, sie klar und deutlich zu sehen, werdet ihr feststellen, wie sie wegfallen und verschwinden. Sie vertragen es nicht, euch in die Augen zu schauen. Ihre Existenz ist nur in einem Zustand der Illusion möglich; in wachsamer Bewußtheit aber werden sie leblos und sterben ab. Unser Wahn, unser Nicht-Beobachten hält sie am Leben. Sie sind wie Insekten, die nur im Dunkeln leben. Sobald Licht eintritt, sterben sie.

Des weiteren möchte ich euch sagen, daß es unwichtig ist, wie mich andere Leute sehen. Wichtig ist, wie ich mich selbst sehe. Wir haben jedoch die Gewohnheit, uns durch die Augen anderer Leute zu sehen, und wir vergessen ganz, daß es einen direkten und unmittelbaren Weg gibt, uns selbst zu sehen. Das ist der richtige Weg zu sehen. Er ist direkt. Wir schaffen jedoch ein falsches Bild von uns selbst und tragen Masken, um die anderen zu täuschen; und dann stützen wir unsere Meinung über uns selbst darauf, wie andere uns sehen!

Dieser Prozeß der Selbsttäuschung begleitet uns durch das ganze Leben. Es wird zu einem der Haupthindernisse auf dem Weg der Selbstverwirklichung. Wir müssen diese Barriere durchbrechen. Wir müssen ganz von Anfang an alle Selbsttäuschungen durchbrechen und wissen, was wir sind, und uns in unserer absoluten Nacktheit erkennen, denn nur nachdem dies getan ist, kann ein wirklicher Schritt in Richtung Selbstverwirklichung erfolgen.

Niemand kann den Bereich der Wahrheit betreten, solange er eine falsche Auffassung von sich selbst hat und solange er weiter in der Wahnvorstellung lebt, seine gespielte Rolle sei das wahre Selbst. Bevor wir Gott, den Allmächtigen, die Wahrheit oder unser wahres Wesen erkennen können, müssen wir die eingebildete Persönlichkeit, mit der wir uns bedeckt haben, zu Asche verbrennen. Diese Maske der Täuschung erlaubt uns nicht, ein wahres Leben zu leben; sie erlaubt uns nicht, uns über das künstliche Leben zu erheben, das wir einander vorspielen. Wer den Pfad des Lebens beschreiten möchte, muß aus seinen falschen Träumen aufwachen, in denen er lebt.

Habt ihr nie das Gefühl, ihr spielt in einem Drama mit? Habt ihr nie das Gefühl, ihr seid das eine im Inneren, jedoch außen etwas ganz anderes? Rüttelt euch das Bewußtsein dieser Täuschung nicht auf, wenn ihr in geistig gesunden Augenblicken ihr selbst seid? Wenn solche Fragen in euch auftauchen und euch aufrütteln, kann euch bereits diese Tatsache aus dem Drama herausheben, kann euch von der Bühne auf festen Boden bringen, auf die *terra firma,* wo ihr keine Rolle mehr verkörpert, sondern nur noch ihr selbst seid.

Man muß sich die folgende Frage stellen: »Bin ich wirklich der, für den ich mich immer gehalten habe?« Diese Frage muß in den tiefsten Tiefen eures Wesens widerhallen. Sie muß in euren Tiefen mit einer solchen Intensität und mit einer solchen Bewußtheit aufsteigen, daß kein Platz mehr übrigbleibt, auch nur daran zu denken, es könne sich dabei um eine Illusion handeln.

Diese Frage, diese Suche, dieses Nach-innen-Schauen bringt solch ein frisches Erwachen des Bewußtseins in uns hervor, daß wir das Gefühl haben, wir seien aus dem Schlaf gerüttelt worden. Dann sehen wir, daß die Schlösser, die wir uns bauten, in einem Traum gebaut wurden, daß das Boot, in dem wir gesegelt sind, aus Papier gemacht war. Euer ganzes Leben erscheint nun unwirklich, als wäre es nicht eures, sondern das von jemand anderem. Eigentlich ist es auch nicht eures, es ist Teil eines Dramas, in dem ihr gespielt habt – ein Drama, in dem euch Erziehung, Ausbildung, Kultur, Tradition und Gesellschaft eine Rolle zugeschoben haben. Die Wurzeln dieses Dramas sind aber nicht in euch selbst.

Wir sind eigentlich kaum Menschen. Wir sind bloße Vogelscheuchen, ganz ohne Wurzeln, ohne jegliches Fundament, wie Figuren in einem Märchen, in einem Traum, ohne wirkliche Existenz. Ich sehe, wie ihr euch verloren in diesem Traum bewegt. All eure Tätigkeiten geschehen im Schlaf. All euer Tun geschieht im Schlaf. Ihr könnt aber jederzeit aus diesem Schlaf aufwachen. Darin liegt der Unterschied zwischen dem Schlaf und dem Tod. Vom ersten könnt ihr aufwachen, vom zweiten jedoch nicht. Egal, wie tief euer Schlaf ist, es besteht immer die Möglichkeit, daß ihr aufwacht. Der Schlaf birgt diese Möglichkeit in sich.

Falls ihr euch selbst in die Augen schaut, werden viele Illusionen zerstört, genauso wie jemand, der sich für sehr gutaussehend hält, enttäuscht wird, wenn er sich zum ersten Mal vor einen Spiegel stellt. Genauso wie es einen Spiegel gibt, um den Körper zu betrachten, gibt es auch einen Spiegel, um das Selbst zu betrachten. Ich spreche von diesem Spiegel. Selbstbeobachtung ist dieser Spiegel.

Wollt ihr wirklich die Wahrheit über euch selbst sehen? Wollt ihr dem Menschen begegnen, der ihr wirklich seid? Und wenn ihr wißt, daß die Möglichkeit besteht, euch selbst in eurer ganzen Nacktheit zu sehen, habt ihr dann nicht Angst davor? Diese Angst ist ganz natürlich. Wegen dieser Angst zaubern wir ständig neue Träume über uns selbst hervor und versuchen zu vergessen, wer wir wirklich sind. Diese Träume können aber nicht eure Gefährten sein; mit ihrer Hilfe gelangt ihr nirgendwo hin. Sie sind nur Zeitvergeudung, und ihr verpaßt die unbezahlbare Chance, die euch nach Hause führen kann.

Ihr werdet euch wundern, warum ich so sehr darauf bestehe, daß ihr diese Nacktheit, diese Häßlichkeit und Leere in euch seht. Wäre es nicht besser, ungesehen zu lassen, was keine Augenweide ist? Und ist es nicht hübsch, ist es denn keine gute Idee, was häßlich ist, mit Juwelen zu dekorieren und mit Vorhängen zu bedecken, was nicht wert ist, gesehen zu werden? Gewöhnlich tun wir genau das. Das ist unsere gewohnte Art. Diese Gewohnheit ist aber sehr schädlich, denn die Wunden, die wir verstecken, heilen nicht. Im Gegenteil, sie entzünden sich um so mehr und werden gefährlich. Und so wird die Häßlichkeit, die wir zugedeckt haben, nicht beseitigt, sondern tritt in die inneren Ströme unserer Persönlichkeit ein. Wir sprenkeln ständig künstliches Parfüm auf die Oberfläche, während im Inneren faule Gerüche vorherrschen. Und eine Zeit kommt, wo Parfüm nicht mehr hilft und der innere Geruch oder die innere Krankheit zu stinken anfängt, wo Schmuck nicht mehr hilft und die darunterliegende Häßlichkeit hervorschaut.

Ich bin nicht fürs Versprühen von Parfüm; ich bin dafür, die faulen Gerüche auszumerzen. Ich bin nicht dafür, Häßlichkeit mit Schmuck und Blumen zu verdecken; ich bin dafür, die Häßlichkeit zu beseitigen und die innere Schönheit und Musik zu erwecken. Ihr Fehlen macht alles andere sinnlos. All unsere Bemühungen sind nutzlos. Es ist, als versuchte man Öl aus Sand zu pressen.

Und so fordere ich euch auf, zu enthüllen, was in euch verborgen liegt. Enthüllt euch und erkennt euch selbst. Lauft nicht vor euch selbst davon. Und vor euch selbst davonlaufen ist auch gar nicht möglich. Wo wollt ihr denn hin? Was erreicht ihr damit, davonzulaufen? Egal, wohin ihr geht, *ihr* werdet mit euch selbst sein. Ihr könnt euch transformieren, aber ihr könnt nicht vor euch davonlaufen.

Das erste Bindeglied in dieser Transformationskette ist Selbstbeobachtung. Und das Wunder aller Wunder besteht darin, daß man, sobald man die Häßlichkeit erkennt, von ihr befreit ist! Die Angst vor dem Selbst zu erkennen bedeutet, frei von dieser Angst zu sein; Haß zu erkennen bedeutet, frei von Haß zu sein. Sie sind da, weil wir nicht hinschauen. Sie verfolgen uns, weil wir versuchen, vor ihnen davonzulaufen. Sobald wir anhalten, halten auch sie an – genau wie unser Schatten mit uns läuft, wenn wir laufen, und anhält, sobald wir anhalten.

Und wenn wir diese Dinge betrachten können, verändert sich die ganze Situation sofort. Was wir für Gespenster und Geister hielten, waren bloß Schatten! Weil wir liefen, rannten uns diese Geister nach – und so sind wir noch schneller gelaufen! Sobald wir zu laufen aufhören, werden sie leblos; sobald wir sie anschauen, hören sie zu existieren auf. Es sind nur Schatten. Und Schatten können gewiß nichts ausrichten! Der Schatten der Häßlichkeit war da; und um sie zu verdecken, haben wir sie mit Blumen umhüllt und dekoriert. Und so haben wir eine Illusion geschaffen. Wenn wir jetzt sehen, daß es sich nur um einen Schatten gehandelt hat und um nichts anderes, ist es auch nicht mehr nötig, ihn zu umhüllen; wir sind frei vom Schatten, und wir erkennen, daß immer nur ein Schatten da war. Und allein schon diese Erkenntnis gibt uns eine Vision des Schönen, des Allerschönsten.

Ich habe diese Vision gehabt. Ich habe aufgehört, vor den Schatten davonzulaufen, und das gab mir die Stärke, dahinterzusehen. Und was ich dort sah, diese Wahrheit, hat alles transformiert. Wahrheit transformiert alles. Ihre bloße Anwesenheit ist eine Revolution. Darum sage ich euch: Fürchtet euch nicht. Seht, was wirklich da ist, und flüchtet euch nicht in Träume und Phantasien. Jemand, der wagt, diese Unterschlüpfe aufzugeben, wird von der Wahrheit behütet.

Diesen Morgen fragte mich jemand, was es heißt, sich selbst direkt zu kennen. Direkte Kenntnis seiner selbst bedeutet, die Meinungen anderer Leute über sich nicht zu akzeptieren. Seht selbst, was da im Inneren ist, was sich in euren Gedanken verbirgt, in euren Leidenschaften, in euren Taten, in euren Hoffnungen, in euren Wünschen. Seht euch diese Dinge direkt an, wie man sich einen neuen Ort anschaut, nachdem man sein Ziel erreicht hat. Betrachtet euch, wie man einen Unbekannten, einen Fremden betrachtet. Das wird euch unendlich gut tun. Mehr als alles andere wird es das Götzenbild in Stücke schlagen, das ihr euch in eurem Kopf von euch geschaffen habt. Das Zerstören dieses Idols ist notwendig, denn erst nachdem dieses eingebildete Idol zerschmettert ist, könnt ihr vom Land der Träume ins Land der Realität gelangen.

Bevor wir wahr und gut werden können, müssen wir die Illusionen der Wahrheit und des Guten auflösen, die wir geschaffen haben, um die Unwahrheit und das Böse in uns zu verdecken. Diese Illusionen waren ohnehin nur Selbstbetrug. Niemand erfindet einfach so ein Bild oder eine Persönlichkeit von sich selbst. Man macht es aus einer Notwendigkeit heraus. Man macht es, um sich selbst vor der Demütigung in seinen eigenen Augen zu bewahren. Wenn man das Tier erblickt, das in einem wohnt, quält einen allein schon die Anwesenheit dieses Tieres, und man fühlt sich in sich selbst gedemütigt.

Es gibt zwei Möglichkeiten, sich vor dieser Demütigung zu retten: Entweder muß das Tier verschwinden, oder man muß es vergessen. Um es zum Verschwinden zu bringen, muß man sich eine *Sadhana*, eine Disziplin auferlegen. Das Tier zu vergessen ist dagegen sehr einfach. Das ist eine ganz einfache Angelegenheit. Einbildung schafft das spielend. Wir machen uns ein falsches Bild von uns selbst, und mit Hilfe dieses Bildes wird das Tier unterdrückt. Damit verschwindet es aber nicht. Es wird hinter dem Bild wirksam. Dieses Bild erscheint nur nach außen so, dahinter liegt das Tier. Seht ihr nicht, wie dieses Bild im wirklichen Leben abblättert und jeden Tag Lügen gestraft wird? Das liegt in der Natur der Dinge. Das Tier im Inneren ist die Wirklichkeit, und so besiegt es all unsere Bemühungen. Was wir uns einbilden, wird täglich vom Tier zunichte gemacht.

Aber trotz alledem erhaltet ihr eure Bilder am Leben und hätschelt sie. Und ständig seid ihr damit beschäftigt, Wege zu finden, um anderen und euch selbst zu beweisen, daß sie echt sind – durch eure milden Gaben, eure Opfer, eure barmherzigen Taten und euren Dienst am Nächsten, mit all euren sogenannten moralischen Taten. Ist nicht all dies nur ein Versuch, Beweise zu finden? Sind das nicht nur Versuche, um zu beweisen, daß die Bilder echt sind? Aber all dies bringt nichts. Das Bild, das ihr von euch konstruiert habt, ist dennoch tot. Es bleibt leblos; es gibt keine Möglichkeit, es zum Leben zu erwecken.

Ich fordere euch auf, euch von diesem toten Gewicht zu befreien. Laßt diesen falschen, toten Begleiter fahren, und erkennt und versteht denjenigen, der echt ist. Indem ihr ein falsches Bild aufstellt, blockiert ihr euch den Weg, doch wenn ihr das Tier in euch beobachtet und euch von dieser Täuschung befreit, wird euch der Weg gezeigt.

Gestern Abend ging ich über ein Feld, wo ich menschenähnliche Puppen sah. Man hat Stöcke aufgestellt und mit Hemden bekleidet. Oben trugen sie Tonkrüge als Köpfe. In der Dunkelheit hielten die Vögel und die Tiere sie für Wachleute und wurden verscheucht. Ich blickte auf die Vogelscheuchen und schaute gleichzeitig auf meine Begleiter. Dann sagte ich: »Schauen wir mal in uns hinein, um zu sehen, ob wir nicht auch Vogelscheuchen sind.« Darauf fingen meine Begleiter zu lachen an, aber ich sah, daß ihr Lachen völlig falsch war.

Alles in uns ist so falsch geworden – unser ganzes Leben, unser Benehmen, unser Lachen, unsere Tränen. Alles ist falsch geworden. Wir sind erschöpft von der Last dieser Falschheit. Und obwohl diese Falschheit so schwer ist, werfen wir sie nicht weg, denn vor dem, was hinter dieser Falschheit liegt, haben wir noch mehr Angst. Wir haben Angst, uns dort hinein zu begeben, denn den, für den wir uns die ganze Zeit selbst gehalten haben, kann man nirgends finden. Im Gegenteil: Wessen Gegenwart wir in andern immer verhöhnt haben, finden wir dort in voller Blüte. Unsere Angst erlaubt uns nicht, uns selbst zu entdecken.

Für unsere *Sadhana*, für unsere Selbstverwirklichung steht Angstfreiheit an erster Stelle. Wer nichts wagt, kann nicht nach innen gehen. Nach innen zu gehen braucht viel mehr Wagemut, als nötig ist, um in dunkler Nacht einen einsamen, steinigen Pfad zu begehen, denn sobald man nach innen geht, werden all die süßen Träume zerstört, die man so lange über sich selbst gehegt hat, und man findet sich selbst Auge in Auge mit den häßlichsten und erbärmlichsten Sünden – Sünden, von denen man dachte, man sei absolut frei davon.

Wer aber wagt, sich selbst zu entdecken, wer sich in seine dunklen Straßen und Täler, in längst verlassene Orte vorwagt, entdeckt, daß er ein neues Leben angefangen hat. Mit diesem mutigen Sprung in die Dunkelheit macht er sich auf eine Reise, die schließlich zum Licht führt – dem Ziel, das er seit vielen Leben gesucht hat, dem Ziel, das ihm immer entwichen ist, weil er nie gewagt hat, in die Dunkelheit zu schreiten.

Die Dunkelheit hat das Licht eingehüllt und verdeckt, wie ein Haufen Asche die Feuersglut verdeckt. Sobald wir in die Dunkelheit eindringen, sehen wir das Licht. Darum sage ich: Fürchtet euch nicht vor der Dunkelheit, wenn ihr ans Licht wollt. Wer sich vor der Dunkelheit fürchtet, wird nie zum Licht gelangen. Der Pfad zum Licht führt durch die Dunkelheit. Dieser mutige Einstieg in die Dunkelheit wird in Wirklichkeit selbst zum inneren Licht verwandelt. Dank diesem Wagemut erwacht, wer tief, tief geschlafen hat.

Ich sehe, daß ihr keine Selbsterkenntnis erlangen wollt, sondern euch vor euch selbst fürchtet, so wie ihr wirklich seid. Ihr hört gerne Worte wie »*Sat-chit-anand* – Sein-Bewußtsein-Glückseligkeit«, Worte wie »ewig« und »rein«, weil sie euch dabei helfen, zu vergessen, was ihr wirklich seid – nämlich die absolute Antithese von *Sat-chit-anand.*

Aber ihr wollt euer Ego nähren. Und darum scharen sich auch die Sünder um die *Sadhus*, denn was sie dort über die Reinheit der Seele hören und darüber, mit *Brahma* eins zu sein, befriedigt sie ungemein. Sie werden traurig, wenn sie die Predigten hören, sie unterdrücken ihren Minderwertigkeitskomplex und können daraufhin wieder aufrecht vor sich selbst stehen. Sie fühlen, wie kinderleicht und völlig harmlos es ist, zu sündigen, wenn die Seele rein ist und gar nicht davon betroffen wird! Zu glauben, eure Seele sei rein und unberührt, setzt der Sünde kein Ende. Es handelt sich dabei nur um einen gründlichen Selbstbetrug. Es ist der letzte Trick des menschlichen Verstandes. Im bloßen Glauben, die Dunkelheit existiere nicht, seht ihr noch kein Licht.

Eine Ideologie, die einen glauben lehrt, es gebe keine Sünde und die Seele sei nicht an der Sünde beteiligt, ist sehr gefährlich. Sie ist bloß ein Mittel, um seinen sündhaften Zustand zu vergessen. Sie führt nicht zum Ausmerzen der Sünde, sondern zum Vergessen der Sünde. Und das Vergessen der Sünden ist schlimmer als deren Existenz. Könnt ihr eure Sünden sehen? Sich ihrer bewußt zu sein ist gut, ist heilsam. Sie jedoch nicht sehen zu können, sich ihrer nicht bewußt zu sein ist schädlich, denn wenn man sie gesehen hat, beginnen sie zu sticheln und zu stoßen, damit wir uns transformieren. Bewußtheit der Sünden bringt Veränderung mit sich, und volles Bewußtsein der Sünden bringt eine sofortige Transformation.

Verwickelt euch darum nicht in Gerede über die Reinheit der Seele, über Erleuchtung und so weiter. Die Seele hat nichts mit Glauben zu tun. Sie ist etwas, das man direkt erkennen muß, nachdem die sündenbeladene Persönlichkeit abgelegt worden ist und der Sucher durch die Schichten der Dunkelheit bricht und in sein eigenes geheimes innerstes Zentrum des Lichts eintritt. Das ist direkte Erkenntnis. Es ist nichts, was man sich vorstellen könnte.

Jedes imaginäre Konzept darüber wird wahrscheinlich höchst schädlich sein. Es kann zum Hindernis werden und dem Erlangen des Lichtes im Weg stehen, denn wenn ihr glaubt, es gebe keine Dunkelheit, besteht auch kein Anlaß, zu versuchen, etwas zu beseitigen, was eures Glaubens nach nicht existiert. Und wenn die Seele weder Gutes noch Böses tut, warum darüber hinausgehen? Diese bedeutungslosen Aussagen und Fragen unserer sogenannten Philosophen haben viele Leute in eine Welt der Wahnvorstellungen geworfen. Dieses Gift hat sich weit und breit ausgebreitet, und seinetwegen betrachten wir uns als Gott. Gleichzeitig wäre es aber schwierig, auf dieser Erde größere Sünder als uns zu finden!

Vergeßt auch nicht, daß diese ganze Selbstverherrlichung und all das Gerede über die Reinheit der Seele darauf ausgerichtet ist, die Existenz der Sünde zu ignorieren. Es ist sehr schwierig für alle, die in die Falle dieses Geredes geraten sind, ihr wieder zu entrinnen. Sich von der Sünde zu befreien ist einfach, es ist jedoch sehr schwierig, sich dem Griff dieser gefährlichen »Philosophie« zu entwinden.

Die Tatsache, daß die Seele rein ist, ist weder eine Theorie noch ein Prinzip, sondern eine direkte Erkenntnis. Und jede Diskussion darüber ist wertlos. Es ist genauso, als würde man im Kopf eines Kranken die Illusion schaffen, seine Krankheit existiere nicht. Wenn der Kranke dies als Evangelium akzeptiert, folgt daraus nicht Heilung, sondern der sichere Tod.

Die Wissenden diskutieren nicht über Erkenntnis, sie reden über die *Sadhana,* den Pfad, der zur Erkenntnis führt. Nicht die Erkenntnis, sondern die *Sadhana* ist zu beachten. Erkenntnis folgt der *Sadhana* automatisch. Über sie nachzudenken ist sinnlos. Und sobald jemand die Erkenntnis als gegeben voraussetzt, wird seine *Sadhana* für ihn unmöglich.

Seht nur, wie leicht es doch ist, Erkenntnis ohne *Sadhana* als selbstverständlich zu halten! So beginnt man, sich der Freiheit von Sünden zu erfreuen, ohne sie wirklich losgeworden zu sein, und im tiefen Bann der Illusion fangen Bettler an, die Freude von Kaisern zu verspüren. Welch eine Freude muß es doch für Bettler sein, wenn man ihnen sagt, sie seien Kaiser! Kein Wunder, daß alle, die ihnen dies sagen, so geachtet werden, und sie sich ihnen zu Füßen werfen. Eine einfachere und billigere Befreiung von Armut und Sünde gibt es nicht! Diese Pseudophilosophie gibt euch eine sehr leichte Freiheit, eine *Sadhana* hingegen verlangt eine große Anstrengung eurerseits.

Ich hoffe, ihr seid nicht in der Falle irgendeiner Philosophie oder eines Philosophen gefangen. Ich hoffe, ihr bedient euch nicht einer solchen Abkürzung. Der einfachste und billigste Weg ist, einfach zu glauben, die Seele sei rein und erleuchtet, die Seele sei *Brahma* selber, und ihr bräuchtet selbst nichts zu tun – und, was immer ihr zur Zeit gerade tut, sei natürlich das Beste, denn man müsse ja nichts aufgeben.

Vergeßt nicht, daß man auch die Wahrheit mißbrauchen und selbst die nobelste Wahrheit benutzen kann, um das Gemeinste zu verbergen. Das ist schon immer geschehen, und es passiert jeden Tag. Feigheit läßt sich hinter Gewaltlosigkeit verbergen, Sünde läßt sich unter der Philosophie der Reinheit und der Erleuchtung der Seele verbergen, und Untätigkeit unter dem Gewand von *Sannyas*.

Ich möchte euch vor diesen Gefahren warnen. Falls ihr euch nicht vor ihnen in acht nehmt, könnt ihr keinen großen Fortschritt in Richtung Selbst machen. Sucht nicht Unterschlupf in irgendeinem philosophischen Unterstand, um der Sünde und der Dunkelheit zu entkommen, die euch einhüllen. Erkennt sie. Macht euch mit ihnen vertraut. Sie sind da. Vergeßt nicht, daß sie existieren. Auch wenn sie wie Träume sind, existieren sie trotzdem. Denkt nicht, Träume existieren nicht. Auch ein Traum hat seine Existenz. Auch er kann uns überwältigen, uns stören. Zu sagen: »Es war nur ein Traum« führt nirgendwo hin. Es gibt keine andere Lösung, als aufzuwachen. Aber wenn er will, kann der Mensch sogar träumen, er sei aufgewacht. Eine falsche Philosophie, eine Philosophie ohne *Sadhana*, tut genau das. Sie weckt euch nicht auf, sie erzeugt nur den Traum des Aufwachens. Das ist ein Traum in einem Traum. Habt ihr noch nie Träume gehabt, in denen ihr euch selbst als wach gesehen habt?

Bloß zu glauben und zu sagen, es gebe keine Sünde, keine Dunkelheit, ist zwecklos. Es ist nur ein Ausdruck eures Wunsches, nicht der Wahrheit. Es ist unser Wunsch, daß es keine Sünde, keine Dunkelheit geben soll, aber der Wunsch allein genügt nicht. Das ist wichtig. Und allmählich beginnen die Philosophen, an die Träume der Erfüllung zu glauben, genau wie ein Bettler, der ein König sein möchte, letztlich zu träumen anfängt, er sei einer geworden. Sie wünschen es sich ständig und bilden sich schließlich ein, sie hätten erlangt, was sie wollten, was aber in Wirklichkeit überhaupt nicht stimmt. Aber so ist es leicht, die Niederlage zu verschmerzen. Und sie seufzen befriedigt in ihrem Schlaf, weil sie im Traum erlangt haben, was sie in Wirklichkeit nicht sind.

Ich hoffe, ihr sucht hier nicht nach einer solchen Befriedigung. Sonst seid ihr nämlich an die falsche Adresse geraten. Ich kann euch keine Träume geben. Ich kann euch keine Grundlage zur Selbsttäuschung liefern. Ich bin ein Traumzerstörer, und ich möchte euch von eurem Schlummer aufwecken.

Aufwachen ist zweifellos schmerzvoll, es ist jedoch die einzige Buße. Diese Buße, dieser Schmerz beginnt mit eurer Bewußtheit eures jetzigen sündhaften Zustands, der Wirklichkeit des bedauerlichen Zustands des Selbst. Ihr könnt keine weiteren Illusionen mehr hegen. Ihr wißt, was Realität ist, so wie sie ist. Das wird Elend und Schmerzen verursachen, denn es wird eure süßen Träume zerstören, in denen ihr euch selbst als Kaiser seht. Der Kaiser wird verschwinden, und der Bettler wird ins Licht rücken; die Schönheit verzieht sich, und die Häßlichkeit kommt hervor; das Gute wird sich auflösen, und das Böse wird sich materialisieren; das Tier in euch wird in seiner Nacktheit vor euch stehen.

All dies ist notwendig, absolut notwendig. Man muß durch diese Qualen hindurch. Es ist unerläßlich, denn es sind die Geburtswehen. Und erst danach, nachdem wir dem Tier ins Auge geblickt haben, fangen wir an, denjenigen klar zu erkennen, der nicht das Tier ist.

Wer dem Tier ins Auge blickt, wird vom Tier getrennt. Dieses Erkennen des Tieres in uns durchbricht die Identifikation mit ihm. Das Beobachten trennt den Beobachter vom Beobachteten. Und so wird der Samen des Erwachens gesät, der, wenn er voll ausgewachsen ist, in der Selbsterkenntnis aufblüht.

Vor der Sünde, vor der Dunkelheit und vor dem Tier davonzulaufen ist nicht *Sadhana,* sondern Flucht. Es ist eine Flucht vor der Realität. Es ist wie der Vogel Strauß, der den Kopf in den Sand steckt und sich beim Gedanken, der Feind existiere nicht, nur weil er ihn nicht sehen kann, in Sicherheit wähnt. Wie schön, wenn es so wäre! Es ist aber nicht so. Den Feind nicht zu sehen heißt nicht, das er nicht existiert. Im Gegenteil, so wird er nur noch gefährlicher. Mit geschlossenen Augen fällt man ihm leichter zum Opfer. Angesichts eines Feindes sollten unsere Augen um so weiter geöffnet sein, denn den Feind zu erkennen liegt in unserem eigenen Interesse.

Unwissenheit kann uns nur schaden. Aus diesem Grund fordere ich euch auf, eure dunkle Seite voll und ganz zu entdecken und zu beobachten. Legt all eure Kleider ab und seht, was ihr seid. Legt all eure Prinzipien und Theorien zur Seite und seht, was ihr seid. Zieht den Kopf aus dem Sand und schaut.

Schon das Öffnen der Augen, das reine Hinschauen ist eine Transformation, der Anfang eines neuen Lebens. Mit dem Öffnen der Augen beginnt eine Veränderung, und was immer ihr von da an macht, führt euch zur Wahrheit hin. Indem ihr die Schichten der Dunkelheit durchbrecht, begebt ihr euch ins Licht; indem ihr die Spinnweben der Sünde abwischt, gelangt ihr zu Gott; indem ihr der Unwissenheit einen tödlichen Schlag versetzt, gelangt ihr zur Seele.

Das ist der richtige Weg für unsere *Sadhana,* für unsere Reise zur Selbstverwirklichung. Und dazu braucht man keine Träume zu träumen – keine Träume über die Seele und Gott, keine Träume über *Sat-chit-anand* und *Brahma.* Das hieße, in einem Narrenparadies zu leben, während das wahre Paradies verlorengeht. Auch ihr könnt diesen Zustand der Vollkommenheit erlangen, *Sat-chit-anand* erreichen – durch den Pfad der Aktion, durch *Karma,* durch das Auflösen der Unwissenheit und der Dunkelheit.

Gestern Abend fragte mich jemand, was *Satsang* bedeute. Ich antwortete, *Satsang* bedeute die Gesellschaft seiner selbst, der Wahrheit, und daß man die Wahrheit nicht außen finden könne. Weder Guru noch Lehrer noch *Shastras* können sie euch geben. Sie liegt in eurem Inneren, und wenn ihr zu ihr gelangen wollt, sucht die Gesellschaft eurer selbst. Seid mit euch selbst. Doch wir sind immer in Gesellschaft von anderen, nie sind wir allein.

Eckhart saß einmal ganz allein in einem Baumgarten auf einsamem Felde. Ein Freund, der vorbeiging, sah ihn dort sitzen. Er näherte sich ihm und sagte: »Ich sah dich ganz allein hier sitzen und dachte, ich könnte dir etwas Gesellschaft leisten und bin deshalb zu dir gekommen.« Wißt ihr, was Eckhart antwortete? Er sagte: »Ich war mit mir selbst, aber jetzt, wo du gekommen bist, bin ich ganz allein.«

Seid ihr jemals so mit euch selbst? Das ist *Satsang*. Das ist Gebet. Das ist Meditation. Wenn ich ganz allein mit mir selbst bin und wenn kein Gedanke auftaucht, kein Gedanke an jemanden, bin ich mit mir selbst. Wenn die äußere Welt abwesend ist, ist man im Inneren mit sich selbst. Und in diesem unbegleiteten Zustand, im Alleinsein, in eurem reinen Sein erkennt ihr die Wahrheit, denn in eurem innersten Wesen seid ihr selbst diese Wahrheit.

Daher geht es darum, religiös zu sein, nicht religiös zu erscheinen. Wann immer mich jemand übers Religiössein befragt, stelle ich ihm als erstes die Frage: »Möchtest du religiös erscheinen oder religiös werden?« Die beiden Wege sind grundverschieden. Religiös sein ist eine *Sadhana*, ein Prozeß der Selbstverwirklichung; religiös erscheinen ist nur eine Selbstverzierung. Die Gewänder der *Sadhus* und Heiligen, ihre stereotypen, konventionellen Roben, ihre Bücher, die Zeichen auf ihrer Stirn und auf ihrem Körper – all dies dient dazu, religiös zu erscheinen. Falls auch ihr auf diese Weise religiös erscheinen möchtet, ist das ganz einfach.

Aber denkt daran, der Schein ist für die anderen, das Werden ist für euch selbst. Ich bin nicht das, was andere von außen kennen. Ich bin das, was ich in meinem Inneren selber von mir kenne. Hat es für euch irgendeinen Wert, wenn ich im Einklang mit mir selbst und gefaßt erscheine? In Wahrheit hat dies nur einen Wert für mein eigenes Wesen.

Religiöse Eigenschaften kann man ebenso überstreifen wie religiöse Kleider. Die Leute tragen sie als Verzierungen, zur Dekoration. Und das ist noch viel gefährlicher. Das menschliche Verhalten kann zweierlei sein: entweder wie echte Blumen oder wie Papierblumen. Erstere stammen aus dem Leben und Saft der Pflanze selbst, letztere besitzen kein eigenes Leben. Sie tragen keine Blüten, und ihre Blütenblätter müssen angeleimt werden.

Wenn wir Fieber haben und die Körpertemperatur steigt, versuchen wir auch nicht, uns des Fiebers zu entledigen, indem wir die Temperatur senken. Wir versuchen das Fieber zu vermindern, und das bringt die Temperatur zurück zum Normalstand. Temperatur ist bloß ein Symptom des Fiebers, keine eigentliche Krankheit. Sie ist nur ein Hinweis, sie ist nicht der Feind. Was würdet ihr von einem Arzt halten, der mit der Temperatur zu kämpfen beginnt?

Denselben Mangel an geistiger Gesundheit kann man im religiösen Leben finden. Äußere Anzeichen werden für den Feind gehalten, und indem wir die Symptome für die Krankheit halten, fangen wir zu kämpfen an. Das hilft aber nicht, die Krankheit zu eliminieren, im Gegenteil: Es ist der Patient, der Kranke, der so mit Sicherheit eliminiert wird.

Egoismus, Unwahrheit, Gewalt, Begierde, Gier, Leidenschaft sind alles nur Anzeichen, Symptome. Sie sind die Temperatur. Sie sind nicht die Krankheit selbst. Unser Kampf darf sich nicht gegen sie richten, sondern wir müssen durch sie lernen, daß ein Übeltäter im Inneren ist. Dieser Schuldige ist die Unkenntnis des Selbst. Es ist diese Unwissenheit, die sich auf viele Arten ausdrückt, wie zum Beispiel durch Egoismus, Gier, Angst, Wut, Gewalt, Lügen und so weiter. Und da es sich dabei nur um bloße Anzeichen handelt, nur um Ausdrucksweisen, kann man sie nicht eliminieren, indem man nach ihnen schlägt.

Was müssen wir also tun? Müssen wir versuchen, sie zu verstecken, indem wir die künstlichen Blumen der Wahrhaftigkeit, der Gewaltlosigkeit, der Wohltätigkeit, der Tapferkeit zur Schau stellen? Auch ihr habt euch bestimmt manchmal mit solchen Blumen geschmückt. Seid vorsichtig. Versichert euch, daß sie euch nicht betrügen, auch wenn ihr andere damit erfolgreich an der Nase herumgeführt habt.

Es geht nicht darum, sich der Unwahrheit, der Gewalt und der Angst zu entledigen, sondern über diese Unwissenheit des Selbst hinauszugehen. Sie alle sind da wegen dieser Unwissenheit. Ohne sie können sie nicht existieren. Ohne Unwissenheit des Selbst werden sie alle automatisch verschwinden, und ihre Plätze werden ebenso automatisch von Wahrheit, Demut, Wunschlosigkeit und Freisein von Wut, Gewalt und Besitzgier eingenommen werden. Auch dies sind Anzeichen. Es sind Anzeichen der Selbsterkenntnis.

Der dritte Morgen

Ich kann euch die Wahrheit nicht geben. Und wenn jemand sagt, er könne sie euch geben, könnt ihr sicher sein, daß er euch bereits eine Unwahrheit gegeben hat. Niemand kann euch die Wahrheit geben. Das liegt nicht am Gebenden, es zeigt nur, daß die Wahrheit etwas Lebendiges ist. Es ist kein unbeseelter Gegenstand, den man jemandem geben oder wegnehmen könnte. Es ist eine lebendige Erfahrung, die man selbst machen muß.

Tote Gegenstände können von einem Menschen zum anderen weitergegeben werden, nicht aber Erfahrungen. Kann ich euch etwa die Liebe, die Erfahrung der Liebe, die ich gehabt habe, weitergeben? Kann ich euch die Schönheit und die Musik geben, der ich begegnet bin? Wie wünsche ich mir doch, ich könnte euch die Freude geben, die mir selbst widerfahren ist, auf solch außergewöhnliche Art und Weise, in diesem meinem gewöhnlich aussehenden Körper! Aber das ist unmöglich. Es quält und peinigt mich, ich kann aber nichts dagegen tun. Ich bin völlig hilflos!

Einer meiner Freunde wurde blind geboren. Wie sehr wünschte ich mir, ich könnte ihm mein Augenlicht geben, aber es war nicht möglich. Vielleicht wird es eines Tages möglich sein, denn die Augen sind Teil des Körpers, und vielleicht kann man sie transplantieren. Das Augenlicht aber, das die Wahrheit sieht, kann niemals übertragen werden, egal, wie heftig man sich das auch wünschen mag. Es gehört zur Seele, nicht zum Körper.

Was immer man in der Welt des Selbst erreicht, kann nur durch eigene Anstrengung erreicht werden. In der Welt der Seele sind keine Schulden, keine Anleihen, kein Zählen auf andere möglich. Niemand kann sich dort auf geliehenen Beinen bewegen. Dort gibt es keine Zuflucht außer dem eigenen Selbst. Um die Wahrheit zu erlangen, müßt ihr eure eigene Zuflucht sein. Das ist die unausweichliche Bedingung.

Deswegen hab ich gesagt, ich könne euch die Wahrheit nicht geben. Nur Worte können vermittelt werden, Worte, die leblos und tot sind – und die Wahrheit bleibt immer hinter ihnen zurück. Und dieses Vermitteln von Worten ist eigentlich gar keine wirkliche Vermittlung. Was an ihnen lebendig ist – ihre Bedeutung, ihre Seele, die Essenz ihrer Erfahrung – ist nicht darin enthalten. Sie sind wie leere Patronenhülsen, wie Kugeln ohne Pulver. Sie sind wie tote Körper, Leichen. Sie können euch nur eine Last sein; sie können euch niemals befreien. Mit Worten trägt man nur die Leiche der Wahrheit. In einer Leiche schlägt das Herz der Wahrheit nicht.

Ich sagte, man könne die Wahrheit nicht vermitteln. Ich kann euch jedoch eine Hilfe sein beim Abladen dieser Last, die ihr auf eurem Rücken tragt. Es ist eine Last, die ihr schon seit Jahrhunderten tragt, und sie ist sehr schwer geworden, unerträglich schwer. Ihr müßt von dieser Last aus Worten befreit werden. So wie ein Reisender voller Staub wird, wenn er die Straße entlanggeht, ist es natürlich, daß sich der Staub der Worte und Gedanken auf der

Reise durchs Leben auf euch ansammelt. Ihr müßt euch diesen Staub abbürsten.

Worte sind tote Gegenstände; sie sind nicht die Wahrheit. Niemandes Worte sind die Wahrheit. Sammelt sie nicht. Sie zu sammeln ist schädlich. Solange man dieses Gewicht mit sich herumschleppt, kann man die Pilgerreise zur Wahrheit nicht unternehmen. Genauso wie ein Bergsteiger seinen Packen ablegen muß, bevor er beginnt, den Berg zu erklimmen und Höhe zu gewinnen, sollte auch jemand, der sich auf die Reise zur Wahrheit begibt, besser die Last der Worte ablegen. Nur ein Bewußtsein, das frei von Worten ist, kann die erhabenen Höhen der Wahrheit erreichen.

Ich lehre nur diese eine Art von Besitzlosigkeit, die Besitzlosigkeit von Worten und Gedanken. Ihr totes Gewicht macht eure Reise sehr schwierig. Chuang Tse hat gesagt: »Das Netz ist da, um Fische zu fangen. Fang die Fische, und wirf das Netz weg.« Wir sind aber derart ungeschickte Fischer, daß wir uns im Netz verfangen und die Fische vergessen haben. Schaut auf eure Köpfe. Ihr tragt Boote auf euren Köpfen, und ihr habt vergessen, daß ihr in ihnen segeln solltet.

Worte sind Symbole. Sie sind Wegweiser. Sie selbst sind nicht die Wahrheit. Versteht die Bedeutung der Zeichen und werft sie dann weg. Schilder zu sammeln ist nichts anderes, als Leichen zu sammeln.

Worte sind wie Finger, die auf den Mond deuten. Wer seine ganze Aufmerksamkeit auf die Finger konzentriert, verpaßt den Mond. Die Finger dienen ihrem Zweck nur, wenn sie von sich wegweisen. Sie ziehen euch aber ganz im

Gegenteil zu sich hin, und so werden sie nicht nur nutzlos, sondern auch schädlich.

Sind die Worte, die ihr über die Wahrheit gelernt habt, für euch nicht bereits zu einer Quelle des Unglücks geworden? Haben sie euch nicht voneinander getrennt, Mensch von Mensch? Sind nicht all die Dummheiten und Grausamkeiten, die im Namen der Religion begangen wurden, aus Worten entstanden? Stützen sich nicht all diese Sekten, bekannt als die verschiedenen Religionen, nur auf Unterschiede in Worten?

Die Wahrheit ist eins und kann nur eins sein, Worte aber gibt es viele; genau wie der Mond eins ist, während die Finger, die auf ihn zeigen, tausend sein mögen. Alle, die sich an eines oder mehrere der unzähligen Worte festgeklammert haben, die auf die Wahrheit zeigen, sind verantwortlich für die vielen religiösen Sekten. Diese Religionen sind nicht aus der Wahrheit entstanden, sondern aus Worten. Die Wahrheit ist eins. Auch die Religion ist eins. Alle, die sich von den Worten lösen, gelangen zu dieser einzigen Religion, zu dieser einzigen Wahrheit. Sie hat nicht ihresgleichen.

Ich möchte darum nichts zu eurer Last aus Worten hinzufügen, indem ich noch mehr rede. Ihr seid schon fast am Zusammenbrechen unter der schweren Last der Worte. Ich sehe ganz klar, daß euer Nacken unter ihrem Gewicht gebeugt ist.

Jene, die die Wahrheit erfahren haben, öffnen ihren Mund überhaupt nicht. Ihre Lippen bleiben versiegelt. Nicht ein Wort hört man von ihnen. Sagen sie so etwa nicht genug? Deuten sie nicht darauf hin, die Stille selbst sei die Wahrheit? Wir sind aber unfähig, ihre Sprache zu verstehen. Ohne Worte verstehen wir nichts. Unser Verständnis ist auf Worte begrenzt, und so sprechen sie zu uns durch das Medium der Worte. Sie sprechen in Worten über das, was nicht in Worten vermittelt werden kann. Es ist ihr Mitgefühl, das sie zum Versuch dieses unmöglichen Unterfangens verleitet, und aus unserer Unwissenheit versuchen wir, jedes ihrer Worte festzuhalten. Worte in Verbindung mit Unwissenheit schaffen eine Sekte – und wieder einmal entzieht sich uns die Wahrheit, und die wahre Religion bleibt so weit von uns entfernt wie eh und je.

Ihr müßt euch über die Worte erheben. Nur dann werdet ihr wissen, was hinter den Worten steht. Worte füllen nur euer Erinnerungsvermögen. Wissen entsteht nicht aus ihnen. Und verwechselt bitte nicht Erinnerung mit Wissen. Versteht ein für allemal, daß die Erinnerung nichts anderes ist als eine Aufzeichnung der Vergangenheit. Sie ist ein Lernen, nicht ein Wissen.

Jemand fragte Ramana Maharshi, was er machen solle, um die Wahrheit zu erkennen. Er antwortete: »Vergiß alles, was du weißt.« Wenn ihr nur alles vergessen könntet, was ihr wißt! Aus diesem Vergessen heraus würde die Unschuld und Schlichtheit auftauchen, in der die Wahrheit und das Selbst erkennbar werden.

Wenn die Worte und Gedanken, die aus Worten geformt sind, nicht euer Bewußtsein ausfüllen, kann das Licht in diesen freien Augenblick eindringen. Es scheint hinein, und ihr erlangt Weisheit. Ihr müßt die Fenster und Türen des Bewußtseins öffnen. Und die Wände, die jetzt das Bewußtsein umgeben, müssen ebenfalls niedergerissen werden. Dann werdet ihr dem Licht begegnen, das eure wahre Natur ist. In Wahrheit muß man, um dem Himmel zu begegnen, zum Himmel selbst werden – leer, frei, grenzenlos. Gedanken verhindern, daß dies passiert. Sie umgeben euch wie Wolken. Diese Wolken müssen sich verziehen. Wie könnte ich da nur noch mehr Gedankenwolken über euren Verstand verteilen?

Was ich euch sage, was ich euch sagen möchte, aber unfähig bin, euch mitzuteilen, ist nicht ein Gedanke oder eine Idee als solche – es ist eine Erfahrung, eine direkte Erkenntnis. Wäre es einfach nur ein Gedanke, den ich mitteilen möchte, hätte ich ihn euch auch mitteilen können – und wäre die Erfahrung Teil der Außenwelt, das eine oder andere Wort hätte sie vermittelt. Diese Erfahrung ist aber nicht Teil der äußeren Welt. Es ist die Erfahrung von jemandem, der das Ganze erfährt. Es ist das Erkennen des Erkennenden. Und darin liegt die Schwierigkeit.

Beim übernommenen Wissen bleiben der Wissende und das Gewußte getrennt, der Sehende und das Gesehene sind verschieden voneinander; beim Erkennen des Selbst jedoch sind sie nicht getrennt. Da sind der Wissende, das Gewußte und das Wissen alle eins. Und darum werden die Worte hier auch ziemlich wertlos. Sie sind nicht für den Gebrauch in diesem Zusammenhang geschaffen. Sie so zu gebrauchen heißt, sie weit über ihr Potential, über ihre Möglichkeiten hinaus zu strecken. Kein Wunder, daß sie in diesem Tauziehen verkrüppelt und leblos werden. Und obwohl sie auf den Körper hinweisen, auf die äußere Form der Wahrheit, können sie nicht das Herz der Wahrheit berühren. Die Wahrheit kann nur erkannt werden, wenn keine Worte mehr da sind.

Wie können Worte die Wahrheit ausdrücken? Was im Freisein von Gedanken erkannt wird, kann nicht durch Gedanken festgebunden werden. Gibt es eine Möglichkeit, den Himmel an die Erde zu binden? Und können wir ihn Himmel nennen, wenn wir ihn an die Erde binden können? Warum denken wir aber nicht so, wenn es um die Wahrheit geht? Ist die Wahrheit etwa weniger grenzenlos oder unendlich als der Himmel?

Wenn man den Himmel in Bündel verpacken und auf dem Markt feilbieten könnte, würde ihn niemand kaufen wollen. Wir versuchen aber, die Wahrheit zu kaufen! Wahrheit, Gott und *Moksha* werden alle auf dem Markt feilgeboten. Man kann den Verkäufern keinen Vorwurf machen. Sie befriedigen nur die Nachfrage der Käufer. Und solange es Käufer gibt, solange es Kunden für die Wahrheit gibt, kann man auch die Läden nicht schließen, die diese Patentwahrheiten anbieten. Alle Organisationen und alle Sekten, die im Namen der Wahrheit betrieben werden, haben sich in Läden verwandelt. Man kauft dort Patentwahrheiten. Man kann also auf dem Markt nicht nur Kleider, sondern auch Wahrheiten von der Stange kaufen. Ich kann euch keine Patentwahrheiten bieten. Patentwahrheiten gibt es ganz einfach nicht.

Ich erinnere mich an eine Geschichte. Ein Guru, ein Lehrer, stellte einmal einem Schüler eine Frage über die Wahrheit. Der Schüler antwortete, und der Guru sagte: »Ja, das ist richtig.« Am nächsten Tag stellte der Guru wieder die gleiche Frage. Der Schüler sagte, er habe doch bereits am Tag zuvor darauf geantwortet. Der Guru bat ihn, noch einmal zu antworten. Der Schüler wiederholte, was er am Vortag gesagt hatte, worauf der Guru sagte: »Nein! Nein!« Der Schüler war überrascht und sagte zu seinem Guru: »Gestern sagtest du ›Ja, das ist richtig‹, wie kommt es dann, daß du heute ›nein‹ sagst?« Wißt ihr, was der Guru antwortete? Er sagte: »Gestern war es ›ja‹, heute ist es ›nein‹.«

Was will diese Geschichte sagen? Versteht ihr? Sie besagt, daß die Antwort des Schülers stereotyp geworden war. Sie war in einem festen Muster gefangen. Sie hatte ihr Leben verloren, sie war tot. Sie wurde Teil der Erinnerung. Es war kein Wissen mehr. Unsere Erinnerungen sind voll von solchen toten Antworten, und wegen all dieser Leichen kann das, was lebt, nicht an die Oberfläche gelangen.

Meine Freunde, ihr müßt die Erfahrung aufwecken, nicht die Erinnerung. Erinnerung ist totes Gewicht; Erfahrung ist lebendige Befreiung. Es ist unmöglich, sich die Erfahrung der Wahrheit im voraus vorzustellen. Die Wahrheit kann nicht durch eine Terminologie oder durch irgendeine starre Definition eingekerkert werden, die von einer Philosophie, Religion oder Ideologie verewigt wird. Wir dürfen nicht erwarten, daß die Wahrheit sich irgendeiner Ideologie oder irgendeiner Denkrichtung anpaßt. Jede Bemühung, sie in irgendein Muster zu zwängen, ist zwecklos.

Wir müssen die Wahrheit nicht einkerkern, im Gegenteil, wir müssen uns selber befreien. Der Weg zur Wahrheit liegt nicht darin, sie zu definieren, der Weg liegt darin, uns selbst kennenzulernen. Kerkert die Wahrheit nicht ein; befreit euch selbst. Das ist der einzige Weg zur Erkenntnis.

Die Erkenntnis der Wahrheit ist nur durch Erfahrung möglich. Man kann sie durch nichts anderes erkennen als durch Selbsterkenntnis oder Selbsterfahrung. Erfahrung, und nur Erfahrung, ist der entscheidende Faktor.

Ich stand einmal an einem Wasserfall. Ich trank das Wasser und fand, daß es süß war. Das gilt auch für die Wahrheit. Trinkt und erkennt. Auch sie hat eine Art Geschmack, den ihr nur kennen könnt, wenn ihr sie trinkt.

Wahrheit ist kein Produkt eures Wissens. Sie ist keine eurer Schöpfungen. Ihr stellt sie nicht selber her. Niemand stellt sie her; niemand kann sie herstellen. Sie ist bereits vorhanden. Man kann sie nirgendwo kaufen, sie ist bereits da. Sobald ihr die Augen öffnet, wird sie sichtbar; sobald ihr sie schließt, wird sie unsichtbar. Sie ist genau wie Licht. Ihr braucht sie nicht zu kaufen. Ihr müßt nur die Augen öffnen, und schon tritt die Wahrheit in ihrer ganzen Unschuld hervor, in ihrer vollkommenen Reinheit, in der Ganzheit ihres Wesens – und sie transformiert euch. Um dies zu ermöglichen, ist es wichtig, daß ihr euch nicht mit ausgetragenen und geborgten Gedanken verderbt, und daß ihr euch nicht mit den Überresten von anderen begnügt. Ihr müßt wissen, daß das Leben für abgestandene oder tote Dinge keinen Platz hat.

Was soll ich euch also sagen? Ich werde nicht über die Wahrheit reden. Worüber soll ich dann sprechen? Ich werde zu euch darüber sprechen, wie man die Wahrheit erkennen kann. Ich werde nicht über das Licht zu euch reden, sondern ich werde euch sagen, wie ihr eure Augen öffnen und das Licht sehen könnt. Ich werde nicht sagen, *was* ich sehe, sondern ich sage euch, *wie* ich es sehe. Nur das kann man sagen. Und ihr habt Glück, daß man wenigstens soviel sagen kann ohne schädliche Auswirkungen.

Religion, wahre Religion, befaßt sich nicht mit der Doktrin der Wahrheit, sondern vielmehr mit der Methode, wie man die Wahrheit erkennen kann. Darum werde ich auch nichts über die Wahrheit sagen. Ich möchte sie nicht enthüllen, bevor ihr sie selbst seht. Ich möchte euch dorthin führen, wo ihr sie selbst erkennen könnt, bis zu dem Punkt, wo eure Unwissenheit sich auflöst und ihr des Feuers Flamme – eurem Selbst – begegnet.

Laßt uns nun über diesen Prozeß sprechen. Wer gerne den Pfad zur Wahrheit beschreiten möchte, sieht, daß ihm zwei Türen offen stehen: die eine ist, über die Wahrheit nachzudenken; die andere, eine *Sadhana* zu befolgen, die zum Erkennen der Wahrheit führt. Die eine ist der Weg der Logik, die andere derjenige des *Yoga.* Die eine ist der Weg der Kontemplation über die Wahrheit, die andere ist der Weg der Disziplin, die zu deren Erkenntnis führt. Aber soweit ich sehe, gibt es nur eine Tür. Für mich existiert die andere nicht, sie tut nur so. Diese andere Tür ist nur eine Illusion.

Der Weg des Nachdenkens über die Wahrheit ist eigentlich kein wirklicher Pfad. Es ist eine falsche und illusorische Tür; und wegen ihr gehen viele in die Irre. Durch die Tür der Gedanken, durch das Nachdenken über die Wahrheit, werdet ihr nirgendwohin gelangen. Dieser Weg führt euch ganz ohne Zweifel in die Irre, er führt euch nirgendwo hin, zu keinem eigentlichen Ziel. Selbst wenn man diesem Pfad eine sehr lange Zeit gefolgt ist, wird man feststellen, daß man am gleichen Ort steht, wo man angefangen hat. Er hat nur einen Anfang, aber kein Ende. Und der Anfang eines Weges ohne Ende kann nur ein Traum sein.

Was macht ihr, wenn ihr über die Wahrheit nachdenkt? Wie wollt ihr über die Wahrheit nachdenken? Ihr könnt nicht über etwas nachdenken, das ihr nicht kennt. Wie könnte sich ein Gedanke um das Unbekannte drehen? Seine Reichweite liegt nur im Bereich des Bekannten. Denken kann Probleme schaffen, es kann sie aber nicht lösen. Jeder, der sich dem Denken hingibt, wird sich im Chaos verlieren, und sein Verstand wird in einer Art von Verrücktheit enden. Daß soviele Denker verrückt geworden sind, ist kein Zufall. Es ist der Höhepunkt des Denkens, seine letztliche Bestimmung. Der Weg des Denkens ist kein Weg, um zur Wahrheit zu gelangen.

Soll ich euch eine Geschichte erzählen, eine wunderbare Geschichte?

Es war einmal ein Mann, der sich auf die Suche nach dem Ende der Welt machte. Nach einer langen Reise, nach einer fast endlosen Pilgerfahrt, kam er zu einem Tempel, wo die Worte »Das ist das Ende der Welt« geschrieben standen. Er war sehr überrascht und konnte nicht glauben, was er da sah. Er ging weiter und kam nach kurzer Zeit zu der Stelle, wo die Welt endete. Ein tiefer Abgrund tat sich vor ihm auf, unermeßlich, leer. Er blickte hinein. Da war absolut nichts. Sein Atem stockte, und sein Kopf fing an zu schwirren. Er drehte sich um und fing an zu laufen, und er kehrte nie mehr zurück, um in den Abgrund zu blicken.

Das ist eine Geschichte über das Ende des Denkens. Wenn wir über die Wahrheit nachdenken, denken wir immer weiter und weiter und weiter, bis wir an einen Punkt gelangen, wo weiteres Denken unmöglich wird. Das ist das Ende des Denkens. Es wird sich ein Raum, eine abgrundtiefe Leere vor uns auftun, und unser Verstand wird sich weigern, auch nur einen Schritt weiter zu tun.

Ein solcher Augenblick kommt im Prozeß des Denkens, wenn wir ihn bis zu seinem Ende führen. Das ist unvermeidbar. Und wenn ihr immer noch meint, es gebe noch mehr, worüber man nachdenken könnte, glaubt mir, dann habt ihr noch nicht das Ende erreicht. Wenn es nichts mehr zu denken gibt, rein gar nichts, und kein weiterer Schritt mehr möglich ist, so wißt, daß es wirklich das Ende ist, daß ihr am Tempel angekommen seid, wo die Welt endet.

Hätte der Mann, der am Ende der Welt angelangt war, mich um Rat gefragt, könnt ihr euch vorstellen, was ich ihm geraten hätte? Ich hätte ihm nicht geraten, davonzulaufen. Ich hätte ihm gesagt, daß es besser wäre, wo er doch schon so weit gereist sei, noch einen Schritt zu machen, den letzten und wichtigsten Schritt. Ich hätte ihn aufgefordert, kühn in den Abgrund, in den leeren Raum, ins Nichts vor ihm zu springen. Ich hätte ihm gesagt, daß nur dieser letzte Schritt nötig ist, und ich hätte ihn aufgefordert, zu bedenken, daß dort, wo die Welt endet, das Königreich Gottes beginnt.

Es gibt keinen wichtigeren Punkt als diesen, wo die Welt aufhört, denn dort beginnt das Reich Gottes. Die Vision Gottes beginnt, wenn das Denken zum Stillstand kommt. Wo das Denken endet, erkennt man die Wahrheit. Ihr müßt die Gedanken loslassen und ins Gedankenlose springen. Von den Worten müßt ihr ins Nichts springen, in die Leere. Das ist der Weg. Das ist Tapferkeit. Das ist Buße. Das ist *Sadhana.*

Wenn ihr an diesem Punkt eine Vision von Brahma, Vishnu und Mahesha habt, seid euch bewußt, daß ihr immer noch denkt. Wenn ihr Mahavira, Buddha oder Krishna seht, seid euch bewußt, daß ihr immer noch träumt. Dann habt ihr das wahre Ende noch nicht erreicht. Das wahre Ziel ist dort, wo es nichts zu denken gibt, nichts zu sehen gibt, nichts zu wissen gibt. Nur eure Leere bleibt übrig. In Wirklichkeit seid auch ihr nicht mehr da. Nur das Nichts, die Leere bleibt übrig.

Ihr steht am Ende der Welt. Euer Verstand möchte zurückkehren, und zwar mit aller Macht. In diesem Augenblick braucht es Mut, und ihr müßt noch einen Schritt weiter tun. Noch ein Schritt, noch ein Sprung genügt, alles ist transformiert. Dann bleibt kein Denken mehr übrig. Dann ist Erkennen. Und dann wißt ihr.

Ihr wißt, wenn ihr alles Wissen fallenlaßt; ihr seht, wenn ihr alles Sehen aufgebt. Und wenn ihr aufhört, in irgendeiner Weise zu sein, seid ihr zum ersten Mal wirklich. *Sadhana* ist ein Sprung ins Tal des Todes. Aber das ist der einzige Weg, Unsterblichkeit zu erlangen. Dazu braucht man nicht zu denken, man muß aus dem Denken hinausspringen. Und dieser Sprung aus dem Denken hinaus ist Meditation. Jeden Tag sage ich nur dieses eine.

Gedanken sind die Wellen auf dem Ozean des Bewußtseins. Sie sind wie flüchtige Blasen, schon fast wieder verschwunden, bevor sie richtig geformt sind. Sie deuten auf eine gestörte und aufgewühlte Oberfläche hin; was man aber in ihnen findet, findet man nicht in den darunterliegenden Tiefen. Bei den Blasen und mit den Wellen zu bleiben heißt, im seichten Wasser zu bleiben. Alle Gedanken sind seicht. Kein Gedanke kann tief sein, genau wie es in den Tiefen des Meeres keine Wellen geben kann. Wellen sind nur an der Oberfläche möglich, und auch Gedanken sind nur ein Spiel an der Oberfläche des Bewußtseins. Der Ozean ist nicht in den Wellen, die Wellen sind im Ozean. Ohne Ozean kann es keine Wellen geben, aber es kann einen Ozean geben ohne Wellen. Es kann keine Gedanken ohne Bewußtsein geben, aber es kann Bewußtsein ohne Gedanken geben.

Bewußtsein ist die Quelle, der Ursprung. Falls ihr sie kennen möchtet, müßt ihr euch jenseits dieser Wellen begeben. Ihr müßt die Wellen transzendieren. Ihr könnt nicht einfach nur am Strand sitzenbleiben. Kabir sagte: »Ich begab mich auf die Suche, blieb aber dummerweise am Strand sitzen.« Bleibt bitte nicht am Strand sitzen wie Kabir. Ihr müßt weiter als nur bis zu diesem Strand gehen. Der Strand ist nur da, damit ihr ins Meer springen könnt.

Und es ist auch möglich, daß jemand zwar nicht am Strand stehenbleibt, daß er aber auf den Wellen treibt. Meiner Ansicht nach gehört auch das noch zum Strand. Was immer euch daran hindert, einzutauchen und zu ertrinken, ist der Strand. Leute, die in Gedanken schwimmen, sind in dieser Situation. Sie stehen unter der Illusion, daß sie den Strand verlassen hätten, in Wahrheit ist das aber gar nicht so. Um ins tiefe Meer zu tauchen, müssen sie auch die Wellen hinter sich lassen.

Als Mahavira starb, hinterließ er seinem geliebten Jünger Gautama, der gerade abwesend war, eine Botschaft. Sie lautete: »Sagt Gautama, er habe den Fluß ganz gut überquert, aber fragt ihn, warum er sich jetzt am Ufer festhält. Sagt ihm, er solle auch dieses hinter sich lassen.« Von welchem Ufer spricht da Mahavira? Ich spreche vom gleichen Ufer. Es ist das Ufer des Denkens; es ist das Ufer von jemandem, der in Gedanken schwimmt.

Wahrheit erlangt man durch das Tauchen, nicht durch das Schwimmen. Das Schwimmen geschieht an der Oberfläche; das Tauchen führt euch in die unermeßlichen Tiefen. Ihr müßt vom Ufer der Gedanken in die Tiefen des Nichts eintauchen. Es gibt ein liebliches Verspaar aus Bihar: »Die halb Ertrunkenen ertranken ganz; die ganz Ertrunkenen aber überquerten den Ozean.«

Was wollt ihr also tun? Falls ihr den Ozean überqueren wollt, ist der Mut, euch selbst zu ertränken, absolut notwendig. Ich lehre euch, euch selbst zu ertränken, damit ihr den Ozean überqueren könnt, damit ihr sein könnt, was ihr in Wirklichkeit seid.

Der dritte Abend

Die erste Frage: *Dir zufolge kann einem niemand die Wahrheit vermitteln. Ist also das, was du sagst, nicht die Wahrheit?*

Was ich euch sage, ist nur ein Hinweis und sollte nicht als wahr an sich angesehen werden. Die Wahrheit ist vom Hinweis weit entfernt. Ihr sollt nicht auf den Hinweisenden schauen, sondern dahin, wo er hindeutet. Was ihr seht, wenn ihr in diese Richtung schaut, ist die Wahrheit. Es ist unmöglich, über diese Wahrheit zu sprechen. Sobald man etwas über sie aussagt, ist sie bereits falsch. Die Wahrheit kann nie ausgedrückt werden; sie kann aber zu jemandes Erfahrung werden.

Die zweite Frage: *Du sagst, wir sollen ganz eintauchen und uns ertränken. Wie ist das möglich?*

Ich sage euch aus meiner persönlichen Erfahrung, daß es keinen einfacheren Weg gibt, als mit sich selbst zu verschmelzen. Man muß nur aufhören, an der Oberfläche des Verstandes einen Halt zu suchen. Solange man sich an den Gedanken festhält, kann man nicht untergehen, und dank ihrer Hilfe bleibt ihr weiter an der Oberfläche.

Wir haben die Angewohnheit, Gedanken festzuhalten. Sobald ein Gedanke vorbei ist, klammern wir uns an den nächsten – wir begeben uns aber nie in die Lücke zwischen zwei aufeinanderfolgenden Gedanken. Genau diese Lücke ist der Weg, sich in den Tiefen zu ertränken. Bewegt euch nicht in Gedanken – taucht tief in die Lücken zwischen ihnen ein.

Wie ist das möglich? Es ist durch Bewußtheit möglich, durch das Beobachten des Gedankenstroms. Genauso wie jemand am Straßenrand steht und die Leute vorbeigehen sieht, sollt auch ihr eure Gedanken beobachten. Es sind bloß Fußgänger, die auf der Straße des Verstandes in euch drin vorbeigehen. Beobachtet sie einfach. Fällt keine Urteile über sie. Wenn ihr sie völlig losgelöst beobachten könnt, öffnet sich die Faust, die sie festgehalten hat, automatisch, und ihr merkt, wie ihr nicht in den Gedanken, sondern im Zwischenraum steht, in der Lücke zwischen ihnen. Diese Lücke hat aber keinen Boden; es ist darum nicht möglich, einfach dortzustehen. Wenn man dort ist, ertrinkt man.

Und dieses Ertrinken ist die wahre Hilfe, denn dadurch erreicht ihr das Wesen, das ihr wirklich seid. Wer Hilfe im Bereich der Gedanken sucht, hängt in Wirklichkeit haltlos in der Luft – wer aber alle Krücken von sich wirft, erhält die Unterstützung seines eigenen Selbst.

Die dritte Frage: *Ich möchte meinen Verstand bezwingen, aber es scheint unmöglich zu sein. Du jedoch sagst, es sei ganz einfach. Wie mache ich das bloß?*

Schon im bloßen Gedanken ans Bezwingen sehe ich

den Keim der Unmöglichkeit, etwas zu bezwingen. Und es ist genau das, was dem Menschen nicht erlaubt, überhaupt etwas zu bezwingen. Willst du deinen eigenen Schatten erobern? Ist das möglich? Sobald ihr wißt, daß der Schatten ein Schatten ist, habt ihr ihn bereits besiegt. Der Schatten braucht nicht bezwungen zu werden, man muß ihn nur erkennen. Und was für den Schatten gilt, gilt auch für den Verstand. Ich fordere euch auf, den Verstand kennenzulernen, nicht ihn zu bezwingen.

Jemand sagte einmal zu Buddha: »Mein Verstand ist sehr unruhig. Kannst du mir bitte den Weg zeigen, wie ich ihn beruhige?« Buddha antwortete mit einer Frage: »Wo ist dein Verstand? Bring ihn mir, und ich werde ihn beruhigen.« Der Mann sagte: »Darin liegt ja gerade die Schwierigkeit. Er entzieht sich all meinen Versuchen, ihn einzufangen.«

Hätte ich mich an Buddhas Stelle befunden, hätte ich gesagt: »Versuche nicht, ihn einzufangen, laß ihn sein. Der bloße Wunsch, ihn festzuhalten, macht seine Ruhelosigkeit aus. Kann man denn einen Schatten einfangen?«

Wißt ihr, was Buddha sonst noch sagte? Er sagte: »Schaut mich an. Habe ich meinen nicht beruhigt?«

Falls ihr euren Verstand lediglich beobachten könnt, ohne zu versuchen, ihn festzuhalten oder ihn zu bezwingen, werdet ihr feststellen, daß er nicht mehr vorhanden ist. In früheren Zeiten fragte man sich, wenn man versuchte, ein Pferd zuzureiten, ob es wohl besser sei, das Pferd sich müde laufen zu lassen oder die Zügel straffer zu halten. Diese beiden Methoden gibt es auch, um den Verstand zu bezwingen, um ihn unter Kontrolle zu bringen.

Ich würde aber keine der beiden Methoden anraten.

Als erstes möchte ich euch auffordern, hinzuschauen, ob denn überhaupt ein Pferd da ist. Ihr wollt etwas müde machen, zäumen und satteln, was gar nicht existiert. Beide Bemühungen sind sinnlos, denn es gibt gar kein Pferd. Das Pferd ist der Schatten eurer Unwissenheit. Wenn ihr erwacht, gibt es weder Pferd noch Verstand zu bezwingen, weder Pferd noch Verstand unter Kontrolle zu bringen.

Die vierte Frage: *Du forderst uns auch auf, keine Gedanken festzuhalten. Gilt dies auch für gute Gedanken?*

Falls ihr euer wahres Wesen kennen wollt, müßt ihr sowohl die guten wie die bösen Gedanken loslassen und leer, inhaltslos werden. Gedanken, gute wie böse, sind alle übernommen. Sie kommen von außen; sie drängen sich von außen herein. Euer wahres Wesen versteckt sich darunter, unter dieser Last von Ketten. Diese Ketten müssen gebrochen werden. Ob die Ketten aus Eisen oder aus Gold sind, spielt keine Rolle.

Was immer von außen kommt, ist etwas Angeeignetes, etwas Übernommenes – in unserem Inneren ist jedoch ein Zustand des reinen Bewußtseins, wo keine äußeren Eindrücke eindringen können. Die Seele kommt erst zu sich selbst, wenn unsere ganze äußere Aufmachung, all unsere äußeren Konditionierungen abgefallen sind. Um eure Seele zu entdecken, braucht ihr einen unkonditionierten Verstand. Wir sind aber voller Gedanken, und all jene, die religiös sind, sind noch vollgestopfter und sie fügen dem

Haufen ständig Gedanken über Religion hinzu. Genau das versteht man unter »religiös sein«! Mit den heiligen Schriften vollgestopft zu sein hält man für religiös sein. Das ist absolut falsch.

Ein Lehrer sagte einmal zu einem seiner gelehrten Schüler: »Sonst ist alles in Ordnung, nur einen Fehler hast du noch.« Der Schüler dachte lange darüber nach, konnte aber in seinem Verhalten keinen Fehler finden, und er fragte den Lehrer. Der Lehrer antwortete: »Du hast viel zuviel Religion in dir. Das ist der einzige Fehler, den du noch hast; er ist aber keineswegs unbedeutend.«

Wie könnte zuviel Religion vorhanden sein? Vielleicht belasten zu viele religiöse Schriften, zu viele religiöse Gedanken den Verstand so sehr, daß er nicht in den Himmel der Wahrheit fliegen kann.

Ich fordere euch auf, leer zu sein. Entledigt euch ganz von allen Gedanken, von allen Eindrücken, und seht dann, was in dieser Leere passiert. Das größte Wunder des Lebens findet in dieser Leere, in diesem Nichts statt. Das Nichts bringt euch Auge in Auge mit euch selbst. Es gibt kein größeres Wunder! Und sobald ihr euch selbst gegenübersteht, steht ihr auch Gott direkt gegenüber.

Die fünfte Frage: *Ich bete ein Idol an; in deiner Sicht scheint es aber keine Notwendigkeit für ein Idol zu geben. Würdest du mir anraten, es aufzugeben?*

Ich möchte nicht, daß ihr irgendwas aufgebt oder etwas Neues anfangt. Ich rufe euch nur auf, aufzuwachen. Wenn ihr einmal aufgewacht seid und eure Träume vorbei sind, ist das eine andere Sache. Das Verhalten verändert sich den Bewußtseinsebenen entsprechend. Wenn Kinder aufwachsen, hören sie automatisch auf, mit Puppen zu spielen. Sie bemühen sich nicht darum, es aufzugeben, es hört von selbst auf.

Es lebte einmal ein *Sadhu* am Rande eines Dorfes. Er lebte dort allein in einer Hütte ohne Türen. Im Haus gab es nichts, was eine Tür nötig gemacht hätte. Eines Tages kamen ein paar Soldaten vorbei. Sie gingen in die Hütte und baten um Wasser. Einer von ihnen fragte den *Sadhu*, warum, da er doch ein *Sadhu* sei, kein einziges Bild Gottes in der Hütte stehe. Der *Sadhu* antwortete: »Die Hütte ist sehr klein. Seht ihr da Platz für zwei?«

Die Soldaten waren erheitert über die Worte des *Sadhu*, und am nächsten Tag brachten sie ihm eine Gottesstatue als Geschenk mit. Der Sadhu aber sagte: »Ich brauche kein Bildnis von Gott, denn er selbst lebt hier seit langem. Und *ich* bin verloren gegangen. Seht ihr nicht, daß kein Platz für zwei da ist?« Die Soldaten sahen, wie er auf sein Herz deutete. Das war seine Hütte.

Gott ist formlos. Und somit ist auch seine Präsenz formlos; sie hat keine Gestalt. Bewußtsein kann ebenfalls keine Gestalt haben. Es ist grenzenlos. Es hat weder Anfang noch Ende, denn das, was einfach nur ist, hat weder Anfang noch Ende.

Wie dumm wir doch sind, wenn wir diese Bildnisse machen. Wir beten Götterbilder an, die wir nach uns selbst geschaffen haben. Der Mensch hat ein Bild Gottes hergestellt, das auf seiner eigenen Gestalt beruht, und auf diese

Art betet er sich schließlich selbst an. Das ist der Gipfel des Selbstbetrugs, des Egoismus und der Unwissenheit.

Gott soll man nicht anbeten. Gott muß man leben. Ihr müßt Gott in euer Leben setzen, nicht in den Tempel. Ihr müßt jede erdenkliche Anstrengung unternehmen, um Gott in euer Herz kommen und in jedem eurer Atemzüge sein zu lassen. Dafür ist das Verschwinden des »Ichs« unerläßlich. Zur Zeit nimmt dieses »Ich« den Platz im Herzen ein und bestimmt jeden Augenblick eures Lebens. Und solange das »Ich« in euch ist, kann Gott unmöglich eintreten. In einem seiner Lieder hat Kabir gesagt, die Straße der Liebe sei sehr schmal und es sei unmöglich, daß zwei gleichzeitig auf ihr gingen.

Eines Nachts las ich bis spät im Lichte einer Lampe. Als ich die Lampe ausgemacht hatte, war ich erstaunt. Draußen schien der Vollmond, aber das Licht meiner winzigen Lampe hatte es dem Mondlicht verwehrt, in mein Zimmer einzudringen. Sobald meine Lampe aber ausgelöscht war, erfüllte der Nektar des Mondes mein Zimmer. Da erkannte ich, daß das Licht Gottes draußen warten mußte, solange das Licht des »Ichs« in mir schien.

Das Auslöschen des »Ichs«, *Nirvana, Samadhi,* sind alles Ausdrücke für das Kommen Gottes. Sie bedeuten das gleiche. Schafft deshalb keine Bilder von Gott, zerstört vielmehr das Bild des »Ichs«. Seine Abwesenheit ist allein schon die Anwesenheit Gottes.

Wie leicht wird es dann, die Wahrheit zu erkennen! Aber was leicht und einfach erscheint, erweist sich immer als schwierig. Das ist so, weil alles, was leicht und einfach ist, aus genau diesem Grund schnell vergessen wird. Wir beschäftigen uns ständig mit Dingen, die weit entfernt sind, und verlieren die Dinge aus den Augen, die nahe liegen. Wir beschäftigen uns mit dem anderen und vergessen das, was unser Selbst ist.

Geschieht es nicht oft im Theater, daß sich die Zuschauer so sehr im Stück verlieren, das sich vor ihren Augen abspielt, daß sie sich selbst vergessen? Das gleiche passiert auch im Leben. Das Leben ist ebenfalls eine riesige Bühne, und wir sind so gefangengenommen von dem, was auf der Bühne gespielt wird, daß wir das Publikum, den Zuschauer, das Selbst ganz vergessen haben. Um zur Wahrheit zu gelangen, um zu sich selbst zu gelangen, müßt ihr nur eines tun: Ihr müßt aufwachen und erkennen, daß ihr im Theater seid – nichts anderes.

Ich sehe, wie ihr ständig von einer Art Unruhe befangen seid, die sich in eurem Verhalten ausdrückt, ob ihr nun sitzt, steht, geht oder schlaft. Sie ist in allem, was ihr tut, ob groß oder klein. Fühlt ihr das nicht selbst? Habt ihr nie bemerkt, daß ihr alles und jedes mit einem ruhelosen Verstand tut?

Ihr müßt diesem Schwall von Rastlosigkeit Einhalt gebieten und eine Zone der Stille schaffen. Nur vor dem Hintergrund der Stille könnt ihr die Freude und die Musik erfahren, die immer in euch vorhanden ist, die ihr aber wegen des Aufruhrs und des Durcheinanders in euch nicht hören und leben könnt. Meine Freunde, das äußere Durcheinander stört überhaupt nicht. Sobald ihr im Inneren zufrieden seid, ist es, als wäre das äußere Durcheinander gar nicht vorhanden. Wir sind aber innerlich ruhelos. Und darin besteht die einzige Schwierigkeit.

Jemand fragte mich heute morgen: »Was sollen wir machen, um inneren Frieden zu finden?« Ich sagte: »Seht euch die Blumen an. Seht, wie sie sich öffnen. Seht euch die Flüsse an. Seht, wie sie fließen.« Seht ihr in ihnen irgendeine Ruhelosigkeit? Wie friedlich sich doch alles abspielt! Nirgendwo gibt es Ruhelosigkeit außer im Menschen.

Auch ihr könnt wie die Blumen leben. Lebt wie sie und erfahrt euch als Teil der Natur. Der Glaube ans »Ich«, daß es getrennt sei, hat all diese Ruhelosigkeit und Spannung geschaffen. Befreit euch ganz vom »Ich«, bevor ihr etwas tut, bevor ihr etwas unternehmt. Dann werdet ihr merken, wie sich ein göttlicher Friede in euch ausbreitet.

Wenn der Wind weht, seid wie der Wind; und wenn der Regen fällt, fühlt, wie ihr auch der Regen seid, und seht dann, wie tief der Friede nach und nach wird. Mit dem Himmel seid der Himmel, mit der Dunkelheit seid Dunkelheit und mit dem Licht seid Licht. Steht nicht abseits. Laßt den Tropfen, der ihr seid, in den Ozean fallen. Und dann werdet ihr erkennen, was Schönheit, was Musik, was Wahrheit ist.

Wenn ich gehe, muß ich mir bewußt sein, daß ich gehe; wenn ich stehe, muß ich mir bewußt sein, daß ich stehe. Keine Bewegung des Körpers oder des Verstands sollte sich im Unbewußten, im Halbschlaf abspielen. Wenn ihr auf diese Weise erwacht und euer Leben mit Bewußtheit lebt, wird euer Verstand rein, fehlerlos, transparent.

Durch solch ein bewußtes Leben und Verhalten durchdringt Meditation jede Tätigkeit unseres Lebens. Ihr innerer Fluß begleitet uns Tag und Nacht. Er beruhigt uns. Er reinigt unser Tun und macht uns zu tugendhaften Menschen. Denkt daran, daß jemand, der wach und bewußt ist in all seinen körperlichen und geistigen Handlungen, anderen nichts Unrechtes antun kann. Böse Taten können nur unbewußt vollbracht werden, in einem Wahnzustand. In einem wachen und bewußten Zustand kann man sie sehr leicht vermeiden.

Ich nenne *Samadhi,* den Höhepunkt der Meditation, den »großen Tod«; und tatsächlich ist es genau das. Durch den gewöhnlichen Tod sterbt ihr – ihr werdet aber wiedergeboren, denn durch diesen Tod hört euer Selbst nicht auf zu sein. Das Selbst wird wiedergeboren werden und durch einen weiteren Tod gehen. Der gewöhnliche Tod ist kein wirklicher Tod, denn ihm folgt eine Wiedergeburt und dieser wiederum ein Tod. Dieser Kreislauf geht immer weiter und weiter, bis das *Samadhi,* bis der große Tod kommt und uns von diesem endlosen Kreislauf von Geburt und Tod befreit.

Samadhi ist der große Tod, denn im *Samadhi* hört das »Ich« zu existieren auf, und dabei hört auch der Kreislauf von Geburt und Tod zu existieren auf. Was dann noch übrigbleibt, ist Leben. Durch den großen Tod des *Samadhi* erlangt man das unsterbliche Leben, wo weder Geburt noch Tod existieren. Die Unsterblichkeit kennt weder Anfang noch Ende. Sie ist dieser große Tod, den wir *Moksha,* Befreiung, *Nirvana, Brahma* nennen.

Ich möchte auch, daß ihr *Dhyana,* Meditation, als Ruhe und nicht als Tätigkeit betrachtet. »Nicht-Tun« ist genau das. Es ist die perfekte Ruhe, ein völliges Einstellen aller Tätigkeiten. Und wenn alle Tätigkeiten auf ein Nichts reduziert worden sind und sich die Pulsschläge des Verstands beruhigt haben, beginnt in diesem Ruhezustand etwas zu erwachen, was alle Religionen der Welt zusammen nicht lehren können. Nur wenn kein Tun mehr da ist, läßt sich das, was Nicht-Tun ist, das, was das Zentrum und das Leben allen Tuns ausmacht, erkennen. Nur so kann man den Handelnden sehen.

Sarahapada hat gesagt: »Oh, Verstand, geh und leg dich zur Ruh – irgendwo, wo Sonne und Mond nicht hinreichen und wo die Luft nicht einzutreten wagt.« Einen solchen Ort gibt es in euch, und niemand außer euch selbst kann dorthin gelangen. Es ist euer *Atman,* eure Seele.

Euer Körper andererseits dehnt sich bis zu einem Punkt aus, wo andere Zugang haben. Die Grenze, wo die Welt in dich eintreten kann, ist die Grenze deines Körpers. Die Welt kann in ihn eintreten, weil er Teil der Welt, des *Samsara,* ist. Die Sinne sind die Türen, durch die die Welt eintritt. Der Verstand ist ein Mischmasch von Eindrücken, die auf diese Art in euch eingedrungen sind.

Was jenseits des Körpers, jenseits des Verstandes und der Sinne liegt, ist die Seele, *Atman.* Solange man nicht zur Seele gelangt, ist das Leben sinnlos, denn solange man sie nicht kennt und erlangt, bleiben alles Wissen und alle Errungenschaften wertlos.

Ich betrachte *Samsara* und *Nirvana,* die Welt und die Befreiung, nicht als zwei getrennte Dinge. Der Unterschied, der zwischen ihnen besteht, hat nichts mit ihrer Natur zu tun. Es ist kein objektiver Unterschied. Der Unterschied besteht nicht zwischen ihnen, er besteht in der Art, wie ihr sie betrachtet. *Samsara* und *Nirvana* sind nicht zwei verschiedene Entitäten, sondern vielmehr die beiden Möglichkeiten, die eine Realität zu betrachten. Die Realität ist eins, die Arten jedoch, wie man sie betrachtet, sind zwei. Vom Standpunkt der Erkenntnis betrachtet, erscheint sie eins; vom Standpunkt der Unwissenheit betrachtet, erscheint sie etwas anderes. Was in der Unwissenheit als *Samsara* erscheint, wird in der Erkenntnis zu *Nirvana.* Was in der Welt Unwissenheit ist, ist in Gott Wissen. Die Frage ist deshalb, wie man die innere Welt verändern kann, nicht die äußere. Wenn ihr euch verändert, verändert sich alles andere. Ihr seid beides, *Samsara* und *Nirvana.*

Die Wahrheit ist für keinen Preis erhältlich. Man kann sie nicht im Austausch für etwas von anderen erhalten. Sie ist die Frucht der Selbstentwicklung.

Kaiser Bimbasara ging einst zu Mahavira und sagte: »Ich möchte die Wahrheit erlangen. Ich bin bereit, alles zu geben, was ich besitze, aber ich muß die Wahrheit haben, die den Menschen von all seinen Sorgen befreit.« Mahavira sah, daß der Herrscher die Wahrheit auf die gleiche Weise erobern wollte, wie er die Welt erobert hatte, daß er die Wahrheit sogar kaufen wollte. Als Mahavira also sah, daß es nur das Ego war, das hier sprach, sagte er zu Bimbasara: »Exzellenz, geh erst zu Punya Shravak, einem Bürger deines Reichs, und nimm von ihm die Frucht seiner Meditation in Empfang. Sie wird dir die Reise zur Befreiung und Wahrheit erleichtern.«

Bimbasara ging zu Punya Shravak und sagte: »Ich bin mit einer Bitte gekommen. Ich möchte die Frucht deiner Meditation kaufen. Ich zahle jeden Preis, den du dafür verlangst.«

Als Punya Shravak des Kaisers Bitte hörte, antwortete er: »Mein Herr, Meditation bedeutet Gelassenheit. Es bedeutet, den Verstand von Versuchungen und Haß frei zu halten und ständig in sich selbst zu verweilen. Wie könnte man dies jemand anderem geben? Du möchtest es kaufen, das ist aber unmöglich. Du mußt es selbst erlangen.«

Es gibt keinen anderen Weg. Man kann die Wahrheit nicht kaufen. Man kann sie weder als Geschenk noch durch Betteln erhalten. Und sie kann auch nicht durch einen Angriff erobert werden. Die Wahrheit anzugreifen ist nicht der Weg, sie zu erlangen. Gewalt ist ein Ausdruck des Egos, und wo das Ego ist, kann die Wahrheit nicht existieren. Um zur Wahrheit zu gelangen, müßt ihr euch auf Null reduzieren. Die Wahrheit kommt durch die Tür des Nichts, der Leere. Sie kommt nicht durch den Angriff des Egos, sondern durch die Empfindlichkeit und die Empfänglichkeit der Leere. Greift die Wahrheit nicht an – bereitet eine Öffnung in euch vor, damit sie eintreten kann.

Hui-neng sagte, es gebe einen Weg, die Wahrheit zu erlangen: Bemühen durch Nicht-Bemühen. Nicht-Bemühen wird zur Bedingung, um Kraftaufwendungen beim Bemühen zu vermeiden. Das ist Nicht-Tun, das ist Nicht-Bemühen. Es ist keine Errungenschaft, sondern ein Sich-Leeren – aber das ist der Weg, wie man zur Wahrheit gelangt. In dem Maß, wie ihr euch leert, könnt ihr sie erlangen.

Wohin läuft das Regenwasser? Es bleibt nicht auf den Hügeln, sondern läuft in die leeren Gräben. Die Natur der Wahrheit ist ähnlich wie die Natur des Wassers. Falls ihr zur Wahrheit gelangen wollt, müßt ihr euch ganz leeren.

Sobald ihr leer seid, wird die Wahrheit diesen leeren Platz mit sich selbst füllen.

Die Wahrheit liegt in euch. Sie liegt in mir. Ihr braucht nirgendwohin zu gehen, um sie zu suchen. Ihr müßt sie nur selbst ausgraben, wie ihr fürs Wasser Brunnen grabt. Ihr müßt den Brunnen der Seele ausgraben. Und Meditation ist der Spaten, mit dem ihr diesen Brunnen aushebt. Mit dem Spaten der Meditation müssen wir die Erde der äußeren Welt wegschaufeln, die unsere Natur bedeckt – und dann ist derjenige, den wir suchen, nahe. Er versteckt sich im Sucher selbst.

Der vierte Morgen

Welche Freude, euch alle zu sehen! Ich fühle die Tiefe eures Verlangens, eures Durstes, die Wahrheit zu erkennen. Ich sehe sie in euren Augen und fühle sie in jedem eurer Atemzüge. Und während eure Herzen um die Erlangung der Wahrheit pochen, pocht auch mein Herz! Ich bin zutiefst gerührt von eurem Wissensdurst. Es ist eine solche Freude! Es ist so schön! Es gibt nichts Süßeres und Schöneres auf der Erde als das Verlangen nach der Wahrheit.

Was soll ich euch bloß sagen in diesem Augenblick der Freude? Was soll ich euch bloß sagen in diesem Augenblick eurer Suche, während ihr auf meine Worte wartet? Nur in solchen Augenblicken werden wir uns klar, wie unbedeutend und dunkel Worte doch sind – wie bedeutungslos und kraftlos sie in Wirklichkeit sind. Wenn man nichts besonders Wichtiges zu sagen hat, können sie das vermitteln; wenn es aber etwas Tiefgründiges mitzuteilen gilt, versagen sie kläglich. Das liegt in der Natur der Dinge, denn die Erkenntnis der Wahrheit, die Erfahrung der Wonne und die Vision der Schönheit sind so subtil und ätherisch, daß man ihnen keine irdische Form zuschreiben könnte. Und sobald man diesen Erfahrungen eine Form zu geben versucht, werden sie tot und bedeutungslos, und so kommt die lebendige Erfahrung nicht lebend in eure Hände, sondern als Leiche. Der Geist bleibt zurück, und das, worauf die Worte hindeuten, ist nicht mehr wahr.

Was soll ich also sagen? Wäre es besser gewesen, nichts gesagt zu haben, und für euch, nichts gehört zu haben? Wie schön wäre es doch gewesen, wenn wir ruhig und still, wortlos und stumm geblieben wären und wenn ihr in dieser Stille hättet erwachen und etwas sehen können, etwas, was wirklich ist. In diesem Fall hätte ich mir das Reden und euch das Zuhören ersparen können, und die Wahrheit wäre doch vermittelt worden, denn die ewige Wahrheit ist in uns allen. Die Musik, die ihr sucht, erklingt jeden Augenblick in den Tiefen eures Wesens, und die Momente, in denen ihr nach der Wahrheit sucht, selbst wenn sie still sind, werden in ein Gebet verwandelt. Sowohl das Dürsten nach Gott als auch das stille Warten sind Gebete.

Was der Mensch sucht, liegt in ihm selbst. Das, wozu ihr euch hier versammelt habt, was ihr mich fragen und von mir wissen wollt, ist immer in euch selbst. Ihr habt es nie verloren. Ihr könnt es auch nie verlieren. Es ist eure Existenz, euer Wesen. Es ist der eine Schatz, den man nie verlieren kann, denn ihr selbst seid dieser Schatz. Wir suchen aber nach ihm, suchen nach genau dem, was man nicht verlieren kann. Welch ein Widerspruch!

Ich erinnere mich an eine sehr schöne Predigt, weiß aber nicht mehr, wann oder von wem sie gehalten wurde.

Eines Abends sollte eine sehr große Versammlung in einem Tempel stattfinden, und so hatte sich eine große Zahl von Mönchen angesammelt. Nach langem Warten traf der Redner ein. Als er aufstand, um zu sprechen, stellte jemand in der Menge die Frage: »Was ist Wahrheit?« Eine aufmerksame und erwartungsvolle Stille erfüllte den Raum. Man wußte, daß der Redner die Antwort kannte, und so galt jedes seiner Worte als bedeutungsvoll. Wißt ihr aber, was er sagte? Er sagte, und zwar sehr laut: »Oh Mönche!« Die Stille widerhallte von diesen zwei Worten, und alle Augen waren auf ihn gerichtet. Alle waren still, aufmerksam. Der Redner sagte aber nichts mehr. Seine Rede war vorbei; die Predigt war zu Ende.

Versteht ihr, was er sagte? Sagte er überhaupt etwas? Meiner Ansicht nach hatte er alles gesagt. Was immer sich zu sagen lohnte, war mit seinen zwei Worten gesagt. Ich möchte das gleiche sagen. Ich werde das gleiche sagen. Es ist das einzige, was verdient, gesagt zu werden; jenes Etwas, das Worte nicht vermitteln können.

Was sagte er denn? Er sagte: »Sucht nach der Wahrheit nicht irgendwo außerhalb. Fragt niemanden danach. Falls sie überhaupt existiert, existiert sie in euch selbst. Sonst existiert sie gar nicht.« Als er über die Wahrheit befragt wurde, sagte er also absolut nichts über sie. Er rief einfach nur die Versammelten an. Er rief ihnen zu, wie ihr jemanden aus dem Schlaf aufweckt. Das ist die einzige Antwort auf die Frage nach der Wahrheit.

Aufwachen heißt die Wahrheit zu erkennen. Einen anderen Weg gibt es nicht. Ihr schlaft, und so könnt ihr nicht sehen, was neben euch steht, ihr könnt nicht sehen, was ihr wirklich seid. Und in euren Träumen wandert ihr auf der Suche danach weit in die Ferne, auf der Suche nach etwas, was bereits in euch, im Suchenden selbst vorhanden ist. Ihr seid wie Moschusochsen auf der Suche nach Moschus.

Aber wie sehr ihr euch auch bemüht, zu finden, was in euch lebt, ihr werdet es nicht finden können. Durch Suchen kann man es nicht erkennen. Äußere Dinge kann man finden, indem man sie sucht; sein eigenes Selbst aber kann man mit dieser Art von Suche nicht finden. Die Wahrheit findet man nicht, indem man sucht, man findet sie, indem man aufwacht. Das ist der Grund, warum der Redner die Versammlung aufrief und nicht weitersprach. Und aus demselben Grund haben euch auch Mahavira, Buddha, Krishna und Christus aufgerufen. Dies ist keine Rede, es ist ein Aufruf. Dies ist keine Predigt, sondern eine Ansprache, ein Ruf.

Auch ich habe nicht vor, zu sprechen, ich habe vor, euch aufzurufen. Werdet ihr mich hören? Werdet ihr mir erlauben, euren Schlaf zu stören und eure Träume zu zertrümmern? Es mag sehr wohl sein, daß eure Träume süß und angenehm sind; es sind aber gerade die süßen und angenehmen Träume, die schädlich sind, denn sie lassen euch nicht aufwachen, sondern intensivieren den Rausch des Schlafes.

Ich wünsche mir, daß ihr Zeuge der Freude seid, die ich infolge meines Erwachens erlebe. Und darum habe ich beschlossen, euch zusammenzurufen. Ich werde ebenfalls nicht zu euch sprechen, ich werde euch nur aufrufen. Verzeiht mir, wenn mein Aufruf euren Schlaf stört und die Nebel eurer Träume zerreißt. Ich bin hilflos. Ohne eure Träume zu zertrümmern, kann nichts über die Wahrheit gesagt werden. Wir sind in einen Schlaf gehüllt, und solange dieser Schlaf anhält, sind all unsere Unternehmungen sinnlos. Solange ihr schlaft, ist alles, was ihr wißt, bloß ein Traum.

Zuerst müßt ihr aus diesem Schlaf erwachen. Alles übrige wird folgen. Vorher läßt sich nichts machen. Meßt den Gedanken oder Taten in diesem Schlaf keine Bedeutung bei. Nehmt sie einfach als ein Traumgeschehen. Solange euch euer eigenes Selbst nicht bekannt ist, ist es unmöglich, etwas zu tun, das im wahren Sinne des Wortes richtig wäre. Euer Wissen, euer Verhalten, alles wird falsch sein. Euer Glauben, eure Überzeugungen werden alle blind sein. Egal, welchem Pfad ihr folgt, er wird euch nicht zur Wahrheit führen. Zur Zeit kommt es noch gar nicht in Frage, einen Pfad zu begehen. Geht ihr etwa im Schlaf einen Pfad entlang? Ihr träumt nur, daß ihr geht.

Die Unkenntnis des Selbst ist der Schlaf, über den ich zu euch spreche. Es ist notwendig, aus ihm zu erwachen. Um aufzuwachen, ist es zudem notwendig, die Faktoren zu verstehen, die zwischen euch, so wie ihr jetzt seid, und eurem Erwachen liegen. Bevor ihr wißt, was Religion ist, solltet ihr erst wissen, was Religion nicht ist, und auch verstehen, woran ihr euch da eigentlich festklammert. Anstatt euch zu erwecken, wirkt diese Religion wahrscheinlich eher wie eine Schlaftablette.

Karl Marx nannte die Religion ein Opiat, eine Droge, die Opium enthält, um euch einzuschläfern. Religion ist mit Sicherheit kein Opiat, was aber normalerweise dafür gehalten wird, ist eines. Marx hatte unrecht, die Religion als Opiat zu brandmarken, aber ihr habt ebenfalls unrecht. Ihr habt ein Opiat fälschlicherweise für Religion gehalten. Es ist darum wichtig zu wissen, was Religion ist und was ein Opiat ist.

Betrachten wir erst, was Religion nicht ist, dann werden wir erfahren, was Religion ist. Über die Irreligiosität nachzudenken reicht aus, um zu sehen, was Religion nicht ist; für die Religion aber genügt das Denken nicht. Um zur Religion zu gelangen, müßt ihr durch eine *Sadhana* gehen.

Zuallererst möchte ich eines erwähnen. Falls ihr wirklich ein gewisses Niveau in der Religion oder im religiösen Leben erreichen möchtet, müßt ihr anfangen, keinen Glauben und keine Vorstellungen als gegeben zu akzeptieren. Falls ihr die Wahrheit erkennen möchtet, dürft ihr euch an keine vorgefaßten Meinungen darüber klammern. Ihr müßt der Wahrheit in vollkommener Ruhe und Leere begegnen, ohne jedes Dogma. Vorgefaßte Meinungen und Vorurteile trüben und verzerren euren Blick. Was ihr so wißt, ist nicht die Wahrheit, sondern eine Projektion eures eigenen Denkens. So eröffnet sich euch die Wahrheit nicht. Im Gegenteil, ihr drängt euch der Wahrheit auf.

Habt keine Theorie oder bestimmte Ansicht über die Wahrheit. Benutzt euer eigenes Urteilsvermögen. Nur so werdet ihr wissen, was wahr ist. Sonst kommt ihr nie aus dem Netz des Verstandes heraus. Was ihr wißt, wird dann nicht Erkenntnis sein, sondern Einbildung.

Die menschliche Einbildungskraft ist unbegrenzt, und diese Einbildung ist die Mauer zwischen euch und der Wahrheit. Falls ihr euch von vornherein über Gott, die Wahrheit und die Seele festlegt, wird euer Verstand an dieser Entscheidung festhalten und euch glauben machen, ihr hättet wirklich etwas erkannt. In Wirklichkeit habt ihr aber nichts erkannt und bewegt euch im Bereich der Einbildung. Das ist keine Vision der Wahrheit, sondern nur ein Traum.

Ihr wißt sehr gut, daß euer Verstand eine unendliche

Fähigkeit zum Träumen besitzt. Unsere Wünsche zeigen uns Dinge, die überhaupt nicht existieren. Sie schaffen Trugbilder, und so wird das, was wirklich ist, verdeckt, und was nicht ist, kommt zum Vorschein.

Ihr werdet nun sagen, man träume doch nur im Schlaf. Sicher träumt man im Schlaf, aber den Schlaf kann man auch herbeiführen, und in einem gewissen Sinne könnt ihr auch schlafen, während ihr wach seid. Habt ihr etwa keine Tagträume?

Wenn man also ständig eine spezielle Vorstellung von Gott hat und sich wach oder schlafend mit diesem Bild füllt, kann man dieses Bild höchstwahrscheinlich projizieren und es direkt vor sich sehen. Es handelt sich um einen verstärkten Tagtraum. Eigentlich ist nichts vor den Augen, was aber hinter den Augen gepflegt und gehegt wurde, erscheint jetzt vor ihnen. Das ist eine Projektion; so sieht man Träume.

Und auch Visionen der Wahrheit, die auf vorgefaßten Ideen beruhen, werden möglich – auf genau die gleiche Art und Weise. Ein Verehrer von Christus hat eine Vision von Christus, ein Anhänger von Krishna sieht Krishna, und jemand anderes Jünger sieht jemand anderes. In keiner Weise handelt es sich dabei um eine Vision oder Erkenntnis Gottes oder der Wahrheit. Es ist eine Projektion der eigenen Einbildung, denn es kann nicht zwei Wahrheiten, zwei Gottheiten geben. Wahrheit ist eins und die Erkenntnis ist eins, und jemand, der die Wahrheit kennen möchte, muß seine zahllosen Konzepte und Vorstellungen aufgeben. Ich sage nicht, ihr sollt eure Konzepte zugunsten eines bestimmten Konzepts aufgeben; ich bitte euch, alle Konzepte aufzugeben. Denn diese Konzepte haben viele Glaubensbekenntnisse und Dogmen hervorgebracht, und darum existieren auch unzählige Glaubensrichtungen, während es keine Religion gibt.

Um die Wahrheit zu kennen, muß man alle Theorien darüber fallenlassen. Nur jene, die sich in einem Zustand jenseits aller Vorurteile und Voreingenommenheit befinden, in einem Zustand völliger Unschuld und Unabhängigkeit, können sie erkennen. Wo weder Konzept noch Idee noch Erwartung sind, nur dort allein kann man die Wahrheit erkennen. Eigentlich ist das Bemühen, die Wahrheit zu erkennen, nicht jenes, die Wahrheit zu erkennen, sondern jenes, aus dem Zustand des Träumens herauszukommen.

Was ist die Erkenntnis der Wahrheit? Einfach die Freiheit von Halluzinationen. Diese Freiheit ist die Erkenntnis der Wahrheit. Weil wir uns in Träumen verloren haben, ist das, was immer da ist, scheinbar nicht vorhanden, obwohl es ständig gegenwärtig ist.

Wahrheit ist, weil sie immer existiert. Man braucht sie nicht von irgendwo herzuschaffen. Sie ist immer da. Nur wir sind nicht da. Wir sind verloren in der Wildnis unserer Träume. Nein, wir brauchen nicht die Wahrheit zu uns zu führen, wir müssen uns zur Wahrheit führen. Es ist möglich, aber nicht, indem wir Träume und Visionen von Gott sehen, sondern indem wir uns aller Träume und Visionen entledigen – und aufwachen.

Ich sage darum: Die Wahrheit braucht keine Imagination, sondern Verwirklichung. Die Verwirklichung eines Geistes frei von allen Einbildungen ist seine Verwirklichung in einem Zustand der Wahrheit. Wir sehen die Welt, wenn der Geist gespalten ist, wenn er sich in einem Zustand der Dualität befindet. Wir sehen die Wahrheit, wenn der Geist eine ungespaltene Ganzheit, eine Einheit ist.

Alle Konzepte und jeder Glauben sind nur Mutmaßungen und deshalb kein Tor zur Wahrheit. Sie sind nur Hindernisse und führen nirgendwohin. Im Gegenteil, sie blockieren euren Pfad. Der Pfad zur Wahrheit führt nicht durch sie hindurch, sondern liegt jenseits von ihnen.

Bitte nehmt keine Ideen oder Konzepte an oder formt euch keine Überzeugung und keinen Glauben über die Wahrheit, denn der Glauben, den ihr formt, wird zu einer Erfahrung. Und diese Erfahrung ist nicht echt, sondern nur mental, imaginär. Solche Erfahrungen sind nicht spirituell. Jeder Glauben über die Wahrheit, der in Unwissenheit entsteht, ist falsch. Denkt nicht darüber nach, was Wahrheit ist und wie sie aussieht. All diese Gedanken sind blind. Wie wenn ein Blinder versucht, sich das Licht vorzustellen. Armer Kerl! Wie kann er sich vorstellen, was Licht ist! Ohne Augenlicht kann er sich keine Vorstellung über das Licht machen. Was immer er auch denken mag, ist grundsätzlich falsch. Er kann sich nicht einmal die Dunkelheit richtig vorstellen, geschweige denn das Licht. Auch um die Dunkelheit zu sehen, braucht man Augen.

Was kann aber jemand ohne Augenlicht machen? Ich würde ihm raten: »Denk nicht über das Licht nach. Laß deine Augen behandeln.« Es ist nicht das Nachdenken, sondern die Behandlung, die helfen kann. Was sehe ich aber? Ich sehe, wie man ihm Predigten hält, ich sehe, wie man ihm die Philosophie des Lichtes erklärt. Doch niemand kümmert sich um die Behandlung seiner Augen.

Und noch überraschender ist, daß jene, die über das Thema Licht predigen, das Licht selbst noch nie gesehen haben! Sie wissen nur etwas über das Licht, gesehen haben sie es aber nicht. Denn wenn sie das Licht gesehen hätten, hätten sie auch die Sinnlosigkeit aller Predigten erkannt und hätten ihre Anteilnahme und Sympathie auf die Heilung der Blindheit konzentriert. Wenn das Augenlicht geheilt ist, sieht man automatisch auch das Licht. Was es zum Sehen braucht, ist immer vorhanden. Wenn man sehen kann, ist auch das Licht da.

»Sehvermögen« und »Licht« sind Worte, die in völlig verschiedene Richtungen führen können. Über das Licht nachzudenken führt zur Philosophie. Dies ist bloss die Richtung des Denkens. Sie führt nicht zur Erfahrung; es bleibt beim Denken. Man geht weit, gelangt aber nie zu einem Bestimmungsort. Es gibt viele Schlußfolgerungen, aber keine, die unsere Probleme lösen könnte. Das ist nur natürlich. Auch der perfekteste Gedanke über das Wasser kann unseren Durst nicht im geringsten löschen. Den Durst löscht man ganz anders.

Sadhana, der Pfad, liegt nicht im Denken, sondern in der Behandlung des Sehvermögens. Ich habe gesagt, über das Licht nachzudenken sei Philosophie, und jetzt möchte ich sagen, daß Sehen mit eigenen Augen Religion ist. Ihr könnt durch das Denken zu intellektuellen Schlußfolgerungen gelangen, die *Sadhana* jedoch gibt euch eine spirituelle Vision, spirituelle Erfahrungen. Ersteres ist wie das Nachdenken über das Wasser, letzteres wie das Löschen des Durstes. Das eine ist ein Problem, das andere eine Lösung.

Ich frage jeden: »Möchtest du das Licht selbst kennen oder etwas über das Licht erfahren?« Und ihr – möchtet ihr die Wahrheit erfahren, oder möchtet ihr etwas über die Wahrheit wissen? Wollt ihr etwas über das Wasser wissen, oder wollt ihr euren Durst löschen? Eure Antwort auf diese Fragen wird entscheiden, ob euch nach Erkenntnis dürstet oder ob ihr nur Informationen sammeln wollt.

Und vergeßt nicht, daß es sich dabei um entgegengesetzte Richtungen handelt. Die eine führt zur letztlichen Auflösung des Egos, die andere treibt es auf die Spitze. Das eine macht euch unschuldig, während euch das andere komplex werden läßt. Erkenntnis zerstört das Ego, wogegen Information es nur noch mehr aufpumpt und aufbläst. Alles Ansammeln, alles Erwerben füllt das Ego, und aus diesem Grund trachtet das Ego immer nach mehr.

Auch Gedanken sind Erwerbungen, wenn sie auch noch so subtil sind. Auch Gedanken nähren das Ego. Die Heuchelei, die man unter den Gelehrten findet, ist weder spontan noch zufällig, sie ist das natürliche Resultat des Denkens.

Gedanken sind übernommen. Sie drängen von der Außenwelt herein, sie werden nicht im Inneren geboren. Sie kommen nicht von der Seele, sondern sind ihre Mauern. Von außen kann man einem Blinden Informationen über das Licht geben, die Wahrnehmung des Lichtes muß aber in seinem Inneren erzeugt werden. Das eine ist Übernahme, das andere ist Energie. Und genau darin liegt der Unterschied. Der Unterschied zwischen Erwerb und Energie ist jener zwischen Information und Erkenntnis. Erwerb kommt von außen, Energie von innen.

Der Erwerb schafft jedoch die Illusion von Energie. Diese Illusion ist recht stark und nährt das Ego. Egoismus ist nicht Energie, er ist eine Illusion von Energie. Eigentlich ist er sogar Nicht-Energie, denn bereits ein kleiner Funke Wahrheit kann ihn zerstören, kann ihn auflösen. Aus diesem Grund ist unsere wahre Energie absolut frei von Egoismus.

Ich hoffe, ihr konntet diesen Unterschied zwischen Lernen und Weisheit verstehen. Ihr müßt ihn unbedingt verstehen. Falsches Wissen stellt ein viel größeres Hindernis auf dem Pfad der Selbsterkenntnis dar als Unwissenheit. Falsches Wissen ist der Eindruck »Ich weiß«, während ihr in Wirklichkeit gar nichts wißt. Ein solcher falscher Eindruck kann leicht aus dem Erwerb von Gedanken anderer entstehen, vom Lernen, von der Bildung. Dieser falsche Eindruck entsteht auch aus der Kenntnis der Schriften, aus der Kenntnis von Worten. Und diese Kenntnis von Worten verleitet die Leute zur Annahme, sie seien im Besitz der Wahrheit.

Worte werden Teil der Erinnerung. Sie bilden Fragen, und jede Frage trägt eine automatische Antwort in sich. Man verliert sein Urteilsvermögen und wird dominiert von geborgten Ideen. Und ehe man eine Antwort aus dem Inneren findet, produziert die dicke Schicht von ausgeliehenen Worten und Ideen bereits eine fertige Antwort. So können wir aber das Problem nicht lösen, wir werden um die Lösung betrogen. Wenn es mein Problem ist, wird auch nur meine eigene Lösung benötigt. Keine geborgte

Lösung oder eine aus zweiter Hand kann da helfen.

Man kann weder das Leben noch die Lösungen zu seinen Problemen ausleihen. Die Lösung eines Problems kommt nicht von außen. Sie liegt im Problem selbst begraben. Die Lösung ergibt sich aus dem Problem. Wenn das Problem im Inneren liegt, kann die Wahrheit nicht außen sein. Und man kann deshalb die Wahrheit auch nicht lernen. Man muß sie freilegen. Ihr müßt sie entdecken. Man kann die Wahrheit nicht durch Bildung, sondern nur durch Erkenntnis erfahren. Und darin liegt der fundamentale Unterschied zwischen jemandem, der die Schriften gelernt hat, und jemandem, der die Seele erkannt hat. Was diese Welt betrifft, genügt es, in den Schriften bewandert zu sein, nicht aber im geistigen Bereich. In dieser Sphäre ist das nämlich noch nicht einmal der Anfang.

Ihr könnt nur Informationen über etwas besitzen, was ihr selbst nicht seid: über die Welt, über die Welt der Materie. Über diese Dinge bedarf es keiner Erkenntnis. Was Teil des Äußeren ist, kann man auch nur von außen kennen. Ihr seid ihm vielleicht sehr nahe, aber es bleibt immer noch weit weg. Wie klein die Distanz zwischen uns auch sein mag, sie verschwindet nie. Sie wird immer da sein. Wir können uns darum nur mit Dingen vertraut machen, die nicht wir sind, wir können sie aber nie erkennen. Wir können über etwas Bescheid wissen, aber dieses Etwas selbst können wir nicht kennen.

Die völlige Eliminierung der Distanz ist die Vorbedingung aller Erkenntnis. Nur so könnt ihr in euer Wesen vordringen. Aber was entfernt ist, muß immer entfernt bleiben. Das Gegenteil ist nur der Fall, wenn in Wirklichkeit gar keine Entfernung besteht. Man kann die Distanz nur eliminieren, wenn sie illusorisch ist. Wenn sie real ist, läßt sie sich nicht eliminieren.

Es gibt bloß ein einziges Wesen, das nicht von mir entfernt ist. Es ist unmöglich, daß dieses Wesen von mir entfernt ist. Ich bin dieses Wesen. Ja, es ist mein eigenes Selbst. Nur über dieses Wesen ist wahre Erkenntnis möglich. Die Distanz zu diesem Wesen ist eine Illusion, denn wie könnte man von sich selbst entfernt sein? Ich allein bin das Zentrum meiner selbst, und hier ist meine innere Pforte, meine innere Wohnstatt, hier regiert Vollkommenheit. Nur hier ist Erkenntnis möglich.

Ich möchte euch noch auf eine andere Tatsache hinweisen: Wir können die Welt nicht kennen, wir können nur ihre Bekanntschaft machen und Informationen über sie sammeln. Über sich selbst ist jedoch nur Erkenntnis möglich. Es gibt darum keine Information über das Selbst, über *Atman* – man kann die Seele nur erkennen. Darum genügt es im Falle von Objekten, von materiellen Dingen, von dem, was »nicht wir« ist, ein Experte in den *Shastras,* in den Schriften zu sein; wenn es aber um das Selbst geht, genügt das nicht.

Wissenschaft ist eine *Shastra,* Religion ist keine. Wissenschaft ist Information über Gegenstände, während Religion die Erkenntnis des Selbst ist. Wissenschaft ist eine *Shastra,* eine Schrift; Religion ist eine *Sadhana,* der Pfad zur Erkenntnis.

Ich halte keine Predigt. Das wäre absolut sinnlos. Es braucht keine Predigt, sondern eine Behandlung. Ich habe nicht vor, mich über irgendwelche Doktrinen über die Wahrheit auszulassen. Sie sind alle völlig nutzlos. Wertvoll ist nur die Methode, durch die man die Wahrheit erkennen kann. Diese Methode dient als Behandlung für die Krankheit, und durch sie öffnen sich die Augen. Dann braucht ihr nicht mehr über das Licht nachzudenken, ihr seht es direkt. Solange euch das Sehvermögen fehlt, müßt ihr denken; wenn ihr aber einmal sehen könnt, hat das Denken keinen Platz mehr. In der Blindheit übernimmt das Denken die Arbeit der Augen, sobald das Sehvermögen aber wieder hergestellt ist, wird das Denken unnötig.

In meiner Sicht ist das Denken kein Zeichen des Wissens, sondern der Unwissenheit. Wissen ist ein Zustand der Gedankenlosigkeit. Es ist nicht Denken, es ist Einsicht. Und diese Einsicht ist nicht möglich durch irgendein Dogma über die Wahrheit. Dogmen reduzieren die Dinge nur auf intellektuelle Aneignungen, und diese werden Teil der Erinnerung. Sie können niemals Teil des Wissens werden.

Dogmen können gelehrt werden, sie können aber unsere wirkliche Persönlichkeit nicht verändern. Wie die Kleider bewirken sie eine Veränderung der äußeren Schicht, das innere Wesen aber bleibt, wie es war. Der Geist bleibt von ihnen unberührt, und der Schleier, die Bedeckung nimmt eine neue Form und eine neue Farbe an. Wenn ihr so seid, könnt ihr nicht von Weisheit erfüllt werden. Im Gegenteil, ihr werdet in die Gosse der Heuchelei fallen.

Zwischen dem Wesen und dem Wissen eines Menschen liegt eine tiefe Kluft. Was er ist und was er weiß, ist etwas ganz anderes. Seine Persönlichkeit ist zweigeteilt. Es besteht ein Konflikt wie auch eine Dualität zwischen seinem inneren Wesen und seiner äußeren Schale. Und das natürliche Resultat davon ist Heuchelei. Ein solcher Mensch fängt an, sich als jemand zu präsentieren, der gar nicht in ihm steckt, und beginnt den zu verstecken, der eigentlich da ist. Dieses Theater ist irreligiös. Es ruiniert nicht nur das Leben der anderen, sondern auch das eigene Leben. Es ist Selbstbetrug, wird aber als religiös betrachtet.

Die intellektuellen Lehren von Dogmen, von Doktrinen können höchstens folgendes bewirken: Sie können die äußere Verpackung verändern. Für eine spirituelle Revolution bedarf es einer anderen Methode. Die Methode besteht nicht aus Doktrinen, sondern aus der *Sadhana,* dem Fortschreiten auf dem Pfad zur Selbsterkenntnis. Es ist nicht die Methode des Predigens, sondern jene der Behandlung. Es ist nicht die Methode des Denkens über die Wahrheit, sondern jene des Öffnens der Augen für die Wahrheit.

Religion ist die Methode, wie man die Augen öffnet. Wenn eure Augen offen sind, wird die Vision Gottes einfach. Doktrinen öffnen euch aber die Augen nicht. Im Gegenteil. All jene, die von ihnen irregeführt sind, vergessen, daß ihre Augen geschlossen sind und daß die Wahrheiten, die sie diskutieren, nicht mit eigenen Augen von ihnen gesehen wurden, sondern mit den Augen anderer. Die Wahrheit, die von anderen gesehen worden ist, ist wie eine Mahlzeit, die von jemand anderem gegessen worden ist. Sie hat nicht den geringsten Wert für andere Menschen.

Die Erkenntnis der Wahrheit ist absolut privat und persönlich und auf keinerlei Art und Weise übertragbar. Sie kann weder erhalten noch gegeben werden. Sie muß selbst erlangt werden. Sie kann weder gestohlen noch als Almosen angenommen werden. Sie ist kein Stück Besitztum, sie ist das eigene Selbst. Wahrheit ist kein Besitztum, sie ist das eigene Selbst und ist deshalb nicht übertragbar. Bis jetzt hat noch niemand sie irgend jemandem gegeben. Auch in Zukunft wird niemand sie jemandem geben können, denn im Augenblick, wo man sie weitergibt, ist es nicht mehr die Wahrheit, sie wird zu einem Gegenstand. Einen Gegenstand kann man geben oder nehmen. Wahrheit muß man in sich selbst, durch sich selbst erlangen. Sie ist subjektiv. Eigentlich muß man sie gar nicht erlangen – man muß zu ihr werden. Sie ist euer eigenes Wesen, eure eigene Existenz.

Wie könnte man also vom Erlernen der Wahrheit sprechen? Sie muß entdeckt werden. Das Lernen deckt das Selbst nur mit Schichten zu. Alle äußeren Lehren decken die Wahrheit nur zu. Alles, was von außen kommt, kann nur zudecken. Von außen her ist nur ein Zudecken möglich. Und die Hüllen der Gedanken bedecken das Selbst mehr und mehr. Reißt diese Hüllen herunter und seid nackt. Werft all diese Hüllen von euch. Um euch selbst zu kennen, müßt ihr verlernen, nicht lernen. Wenn alle die Gäste von außen gegangen sind, werdet ihr den einen kennen, der kein Gast ist, sondern der Gastgeber.

Die Wahrheit kann nicht gelehrt werden, nur die Methode der Erkenntnis der Wahrheit. Heute spricht niemand über diese Methode. Obwohl man viel über Wahrheit redet, spricht man doch nicht über die Methode, wie man die Wahrheit erkennen kann. Einen größeren Fehler könnte es gar nicht geben. Es bedeutet, sich an den Körper zu klammern und das Leben zu verpassen. Als Resultat davon gibt es unzählige Religionen, aber nicht die Religion.

Die zahllosen Sekten, die sich hinter dem Namen der Religion verstecken, haben nichts mit Religion gemein. Es kann nur eine Religion geben. Sie kann nicht durch ein Adjektiv umschrieben werden. Sie ist ohne qualifizierende Bezeichnung. *Dharma* ist *Dharma* – Religion ist Religion. In meiner Sprache kann man nicht sagen: dieses *Dharma* oder jenes *Dharma.* Wo es ein Dieses oder Jenes gibt, ist keine Religion.

Diese Sekten sind aus den vielen Doktrinen und Theorien über die Wahrheit entstanden, und sie werden weiter existieren, solange die Leute nach Theorien und Doktrinen fragen. Doktrinen bestehen aus Worten, und um diese Worte herum bilden sich die Sekten. Die Worte werden zu Konfliktursachen, nähren Feindseligkeiten und kleinlichen Haß. Diese Worte trennen die Menschen voneinander. Wie sonderbar ist es doch! Die Menschen glauben, daß dieselben Worte, die sie voneinander trennen, sie mit Gott vereinen werden. Was die Menschen voneinander trennt, kann sie bestimmt nicht mit Gott, mit der Wahrheit oder mit sich selbst vereinen.

Diese Aufsplitterung der Religion in Sekten läßt sich auf verschiedene Doktrinen zurückführen, auf Worte, auf Glaubensbekenntnisse, auf Meinungen. Und all das beruht auf Unwissenheit und nicht auf Wissen. Die Wahrheit hat keine Sekte. Alle Sekten entwickeln sich aus Doktrinen. Sobald jemand die Wahrheit kennt, ist er von Sekten befreit, und in dem Augenblick wird er Teil der Religion – einer Religion, die weder Hindu noch Jaina, weder christlich noch mohammedanisch, sondern einfach nur Religion ist – unmodifiziert, nichts als Licht, nichts als Bewußtsein. Religion ist in Wirklichkeit das Erkennen seines eigenen Selbst.

Eine Sekte ist nicht religiös. Was hat denn Organisation mit Religion zu tun? Alle Organisationen sind politisch oder sozial; sie sind alle weltlich. Sie basieren auf Angst voreinander, und wo Angst herrscht, ist auch Haß. Sie entstehen nicht aus der Wahrheit heraus, sondern aus dem Sicherheitsdenken. Sei es eine Nation, eine Gesellschaft oder eine Sekte, alle entstehen aus Angst, und die Befriedigung dessen, was aus Angst geboren wurde, liegt darin, Angst in anderen hervorzurufen.

Alle Sekten funktionieren genau so. Sie haben nicht die Absicht, jemanden religiös zu machen, sie wollen ihre Mitgliederzahl erhöhen. Zahlen sind Macht und Garantien für Sicherheit. Sie bergen sowohl Selbstschutz als auch die Möglichkeit zum Angriff. Sekten waren schon immer so. Sie sind heute noch so und werden auch immer so sein. Sie haben Mensch und Religion nicht miteinander vereint, sie haben sie entzweit.

Dharma, Religion, ist kein soziales Phänomen, sie ist schlicht und einfach die rein persönliche Transformation. Sie hat nichts mit anderen zu tun; sie befaßt sich nur mit dem eigenen Selbst. Sie befaßt sich nicht damit, was jemand mit anderen macht, sondern was er mit sich selbst macht. *Dharma* befaßt sich damit, wie du in deiner absoluten Isoliertheit und Einsamkeit mit dir selbst umgehst.

Was seid ihr in eurer totalen Isolation? Das müßt ihr wissen – *wer* ihr seid. Nur die Erkenntnis eures Wesens führt euch zur Religion. Es gibt keinen anderen Weg, der zur Religion führt. Kein Tempel, keine Moschee, keine Kirche kann mich dahin bringen, wo ich bin. Ihr braucht keine äußeren Treppen zu besteigen, um dorthin zu gelangen. Alle Tempel sind außen. Alle Tempel sind Teil des *Samsara,* der Welt, und ihr könnt nicht durch ihre Türen zu eurem Selbst gelangen. Keine Reise in der äußeren Welt kann eine Pilgerfahrt zur Wahrheit, zum heiligen Ort sein. Dieser Ort liegt im Inneren, wo man die Erfahrung der Religion macht und wo man das Mysterium, die Freude und die Schönheit des Lebens entdeckt. Ohne dies bleibt alles elend; alles ist nutzlos, bedeutungslos.

Um das Selbst zu kennen, muß man nach innen gehen, nicht nach außen. Alle Sinne des Menschen führen ihn aber nach außen. Sie führen alle nach außen. Seine Augen blicken nach außen, seine Hände reichen nach außen, seine Beine strecken sich nach außen, und sogar sein Verstand reflektiert und spiegelt äußere Phänomene wider. Und darum hat er auch Idole aufgestellt, Bilder Gottes, und hat Tempel der Wahrheit errichtet. So können seine Augen Gott sehen, und seine Füße können eine Pilgerfahrt zur Wahrheit machen! Wir haben diesen Selbstbetrug selbst geschaffen; wir haben diesen Giftbecher eigenhändig genommen. Und jetzt vergeuden wir unser Leben und verbringen es in Benommenheit, verursacht von diesem Gift und Selbstbetrug.

Um die Sinne zu befriedigen, haben wir uns vorgestellt, die Religion sei außerhalb von uns, und haben also unseren Blick nach außen gerichtet. Ihr müßt aber hinter die Szene blicken, um das *Dharma,* um Religion zu erkennen.

Euer Wissen und euer Bewußtsein der Welt kommt über das Medium der Sinne zu euch. Das Selbst könnt ihr auf diesem Weg niemals erkennen. Es ist unmöglich, denjenigen zu kennen, der weiß, der Wissen *ist,* als wäre er wie jemand anderes oder wie ein Gegenstand. Den Seher, die Kraft zu sehen, kann man nicht wie einen gewöhnlichen Gegenstand betrachten. Wissen kann man weder übertragen noch auf einen Gegenstand reduzieren. Und das ganze Problem kommt nur daher, daß man diese einfache Tatsache nicht verstanden hat. Die Leute suchen nach Gott, als wäre er ein äußerer Gegenstand. Wie dumm ist das doch! Nach Gott muß man nicht suchen, er verbirgt sich im Sucher selbst.

Die Wahrheit liegt in euch selbst. Sie liegt in mir. Und es ist nicht so, daß sie morgen auch in euch sein wird – sie ist hier und jetzt in euch, in diesem Augenblick. Ich bin. Mein Wesen selbst ist meine Wahrheit. Und was immer ich sehe, ist vielleicht nicht die Wahrheit, ist vielleicht alles nur ein Traum. Träume sehe ich ja auch, und während ich sie sehe, scheinen sie wahr zu sein. Ihr seid vielleicht alle nur ein Traum für mich. Es mag sehr gut sein, daß ich nur träume und ihr gar nicht hier seid. Der Seher aber kann nicht falsch sein. Er kann nicht in einem Traum sein, denn wenn das so wäre, könnte er nicht sehen, daß es sich um einen Traum handelt. Ein Traum kann nicht einen Traum sehen. Unwahrheit kann nicht Unwahrheit erkennen. Um einen Traum zu sehen, braucht es jemanden, der selbst kein Traum ist. Auch um Unwahrheit zu sehen, ist ein wahrhaft Sehender nötig. Ich sage darum: Ich bin die Wahrheit. Die Wahrheit ist mein Wesen. Ich brauche nirgendwohin zu gehen, um sie zu suchen.

Ihr müßt in eurem Inneren nach der Wahrheit graben. So wie ihr einen Brunnen grabt, müßt ihr auch die Wahrheit ausgraben. Da sind immer ein paar Schichten Steine und Erde, die die Wasserquelle bedecken; sobald ihr aber diese Schichten entfernt, liegt die Quelle frei. Auf genau die gleiche Weise wird euer Selbst von Schichten anderer Dinge unterdrückt, von Dingen, die nicht Teil des Selbst sind. Ihr müßt nur durch diese Schichten hindurchbrechen, und was ihr in zahllosen Leben gesucht habt, wird erlangt werden.

Bis jetzt habt ihr die Wahrheit nicht erkennen können, weil ihr weit und breit nach ihr gesucht habt, während sie in Wirklichkeit immer sehr nahe war. Sie ist der, welcher sucht. Ihr müßt den Brunnen eurer Seele ausgraben. Und Meditation ist das Mittel zu diesem Zweck. Mit dem Spaten der Meditation müßt ihr die Erdschichten entfernen, die Schichten des Fremden, die sich auf dem Selbst aufgetürmt haben. Sie ist das einzige Heilmittel, die einzige Kur. Und darüber möchte ich sprechen.

Zuerst müßt ihr wissen, was denn überhaupt euer Wesen, eure eigentliche Natur überdeckt hat. Was ist es, was euch vor euch selbst verbirgt? Könnt ihr es nicht sehen? Könnt ihr nicht sehen, womit es verdeckt ist? Was findet ihr, wenn ihr nach innen geht?

Hume hat gesagt: »Immer, wenn ich nach innen gegangen bin, habe ich dort nichts als Gedanken gefunden.« Hume hat keine Seele lokalisiert, und auch ihr werdet eure auf diese Weise nicht finden. Hume sah nur die oberen Schichten und kehrte wieder um; er ging nur bist zur Schale und kam wieder zurück. Erst wenn ihr die Schale aufbrecht, seht ihr, was im Inneren steckt. Es ist, wie wenn jemand, der zu einem See geht und die Oberfläche mit Moos und Laub bedeckt sieht, zurückkehrt und sagt, da sei gar kein See. Normalerweise passiert genau das. Wir gehen jeden Tag nach innen, sehen die Decke von Gedanken und kehren dann zurück.

Das Selbst ist ständig von Gedanken umgeben, und ihr kennt nichts als Gedanken. Gedanken sind eure Welt, und wer nur in Gedanken lebt, ist ein weltlicher Mensch. Sieht man hinter die Gedanken, fängt man an, religiös zu werden. Den Zustand des Nichtdenkens zu kennen, zu wissen, was über die Gedanken hinausgeht, bedeutet, in die Domäne der Religion einzutreten.

Möglicherweise drehen sich eure Gedanken nicht um diese Welt, sondern um die Seele, um Gott, und ihr gebt euch vielleicht der Illusion hin, ihr seid religiös. Ich möchte diese Illusion zerschmettern. Alle Gedanken sind Deckschichten, eine äußere Schale. Es sind alles nur Wünsche, Leidenschaften, denn sie sind äußerlich, nach außen gerichtet. Man kann nicht über das Selbst nachdenken. Man kann es erkennen, aber nicht darüber nachdenken. Gedanken decken es zu, sie bilden eine Schale.

Nichtdenken räumt die Bedeckung weg. Nichtdenken ist Meditation. Erst wenn wir nicht denken, erkennen wir denjenigen, der von unseren Gedanken verdeckt wird. Wenn keine Wolken da sind, sieht man den blauen Himmel. Meine Freunde, auch in euch ist ein Himmel. Entfernt die Wolke der Gedanken, damit man ihn sehen kann, damit man ihn erkennen kann. Es ist möglich.

Wenn der Verstand ruht und leer von Gedanken ist, in dieser Stille, in dieser tiefen Gedankenlosigkeit, in der völligen Abwesenheit von Gedanken sieht man die Wahrheit.

Was können wir machen, um dies herbeizuführen? Wir müssen etwas ganz Einfaches tun, ihr werdet es aber sehr schwierig finden, denn ihr seid sehr kompliziert geworden. Was für ein neugeborenes Kind möglich ist, ist für euch unmöglich. Das Kind schaut bloß, ohne zu denken. Es sieht einfach. Und zu sehen ist wunderbar. Das ist das Geheimnis, der Schlüssel, der das Tor zur Wahrheit öffnen kann.

Ich sehe euch. Ich sehe euch einfach nur. Könnt ihr mir folgen? Ich sehe euch nur – ich denke nicht. Und so kommt eine Ruhe ohnegleichen, eine lebendige Stille über mich, und dann wird alles gesehen und alles gehört, aber im Inneren bleibt alles ungestört. Im Inneren entsteht keine Reaktion; es gibt keine Gedanken. Nur *Darshan,* nur Sehen.

Rechtes Bewußtsein ist die Methode der Meditation. Ihr müßt sehen, nur sehen, was außen und was innen ist. Außen sind Objekte, innen Gedanken. Ihr müßt sie euch ohne jegliche Absicht ansehen. Keine Absicht ist da, nur das Sehen. Ihr seid Zeuge, ein losgelöster Zeuge, und ihr schaut nur. Dieses Beobachten, diese Wachsamkeit führt euch langsam zum Frieden, zur Leere, zum Nichts, zum Nichtdenken. Versucht es, und ihr werdet wissen. Während sich die Gedanken auflösen, erwacht das Bewußtsein und fängt an zu leben. Haltet einfach ab und zu für eine Weile an – irgendwo, irgendwann. Seht nur hin, hört und seid Zeuge von der Welt und euch selbst. Denkt nicht. Seid nur Zeuge und seht, was passiert. Laßt dann dieses Zeugesein sich ausbreiten. Laßt es all eure physischen und geistigen Aktivitäten durchdringen. Erlaubt ihm, immer mit euch zu sein. Wenn man Zeuge bleibt, hört das Ego zu existieren auf, und ihr werdet sehen, ihr werdet erfahren, was ihr wirklich seid. Das »Ich« wird sterben, und das Selbst wird erlangt.

In dieser *Sadhana* des Zeugeseins, in diesem Beobachten seines geistigen Zustandes, kommt es zu einer einfachen Transformation; ein einfacher Übergang findet statt zwischen dem, was beobachtet wird, und demjenigen, der beobachtet. Während ihr eure Gedanken beobachtet, erhaltet ihr Einblicke in den, der beobachtet. Und eines Tages taucht dann der Sehende in seiner ganzen Majestät und Pracht auf, und all eure Armut und euer Elend nehmen ein Ende.

Das ist keine *Sadhana,* die man nur ab und zu üben kann, um dennoch zur Freiheit zu gelangen. Sie muß ständig praktiziert werden, Tag und Nacht. Während man das Beobachten übt, während man immer mehr in den Zustand des Zeugeseins gelangt, wird dieser steter und immer mehr präsent. Allmählich ist er immer mit euch, ob ihr wach seid oder schlaft. Er beginnt sogar im Schlaf gegenwärtig zu sein. Und wenn das passiert, wenn er anfängt, sogar in eurem Schlaf da zu sein, könnt ihr sicher sein, daß er tief nach innen gesunken ist, daß er seine Wurzeln weit und breit ausgestreckt hat. Heute seid ihr noch am Schlafen, während ihr wach seid. Morgen werdet ihr sogar wach sein, wenn ihr schlaft.

Dieses Zeugesein löst die Gedanken auf, indem es uns

aus unseren Träumen und aus unserem Schlaf aufweckt. Die Wellen legen sich in einem Verstand, der frei von Gedanken und Träumen ist. Der Verstand wird ruhig, wellenlos, ohne Zittern, genau wie das Meer ruhig ist, wenn keine Wellen da sind, genau wie die Flamme einer Lampe nicht flackert, wenn kein Luftzug durchs Haus streicht. In einem solchen Zustand erkennt man Gott, der das Selbst ist, der ich bin, der die Wahrheit ist. Und so öffnen sich die Tore zu Gottes Palast.

Dieses Tor, dieser Eingang liegt nicht in den *Shastras,* in Worten – er liegt im Selbst. Darum sage ich auch, grabt nirgendwo anders als in euch selbst. Geht nicht woanders hin. Geht in euch selbst hinein. Ich habe euch erklärt, wie man nach innen geht.

Aus eurer Gelassenheit und dem Funkeln in euren Augen schließe ich, daß ihr verstanden habt, was ich zu sagen hatte. Dieses Verständnis allein genügt aber noch nicht. Es ist nicht das Verständnis, sondern allein die spirituelle Erfahrung, die zum Fundament eines Lebens in Wahrheit werden kann. Geht ein wenig in der Richtung, die ich euch gezeigt habe, und seht. Geht nur ein wenig in jene Richtung und seht. Wenn ihr auch nur ein klein wenig geht, seid ihr bereits einen langen Weg gegangen, denn wenn ihr der Wahrheit entgegengeht, wenn ihr euch ihr nähert, kommt ihr in den Bereich ihrer Anziehungskraft – und dann geht ihr nicht mehr, ihr werdet ganz einfach zu ihr hingezogen.

Und zum Schluß denkt daran, daß jemand, der weitergeht, eines Tages seinen Bestimmungsort erreichen wird. Kein Schritt, den man in Richtung Gott geht, ist umsonst.

Ich bezeuge diese Wahrheit. Wie sehr möchte ich, daß ihr diese Wahrheit auch nur für einen Augenblick erkennt, damit auch ihr darüber Zeugnis ablegen könnt! Sie steht euch so nah. Es ist nur eine Frage eures Erwachens. Die Sonne ist bereits aufgegangen. Ihr müßt nur die Augen öffnen, um sie zu sehen.

Ich rufe euch auf, die Augen zu öffnen. Werdet ihr meinen Aufruf hören und eure Augen öffnen? Die Entscheidung liegt an euch, an euch allein. Öffnen oder nicht öffnen?

Der letzte Abend

Die erste Frage: *Hat die Philosophie deiner Meinung nach überhaupt einen Wert? Ist es nicht nötig, erst über die Wahrheit Bescheid zu wissen, bevor man sie erkennt?*

Man kann die Wahrheit nicht erkennen, bevor man sie nicht wirklich erfahren hat. Und etwas über die Wahrheit zu wissen ist eine ganz andere Sache, als die Wahrheit selbst zu erfahren. Was immer ihr über die Wahrheit wißt, kann nicht wahr sein. Es ist nicht wahr, weil man sie ohne persönliche Erfahrung ganz einfach nicht verstehen kann. Es ist unwahr; nicht vom Standpunkt des Sprechers, sondern von dem des Zuhörers.

Wenn ich irgend etwas über die Wahrheit sage, werdet ihr sie da auf die gleiche Weise verstehen, wie ich sie vermittle? Das ist nicht möglich, denn um etwas auf die genau gleiche Weise verstehen zu können, müßtet ihr gleich sein und euch in der gleichen Lage befinden wie ich. Bis das, was ich sage, zu euch gelangt, ist es nicht mehr wahr. Das ist so, weil ich nur Worte benutzen kann und ihr diese Worte dann interpretiert. Die Bedeutung kommt von euch und wird deshalb nicht anders sein als ihr selbst. Die Worte sind von mir, deren Bedeutung und Interpretation hingegen sind von euch.

Diese Bedeutung oder Interpretation kann nicht mehr sein, als ihr zur Zeit seid, und sie kann auch nicht über eure jetzige Erfahrung hinausgehen. Denkt ihr, ihr lest Krishna, wenn ihr die Gita lest? Falls ihr das denkt, begeht ihr einen großen Fehler. Meine Freunde, ihr lest nur euch selbst in der Gita – denn wie könnte es sonst so viele Interpretationen und Kommentare über die Gita geben? In jeder *Shastra,* in jeder Schrift sehen wir unser eigenes Ebenbild, und jede Religion ist nichts anderes als ein Spiegel.

Bevor man die Wahrheit kennt, kann man nur Worte kennen, nicht die Wahrheit selbst. Diese Worte stammen von anderen, von den Heiligen Büchern, von den *Avatars* und *Teerthankaras,* von den Erleuchteten; die Bedeutung und Interpretationen sind aber eure. Euer »Ich« liegt in ihnen. Ist das nicht der Grund, warum soviel Antagonismus da ist und warum so viele Unterschiede zwischen den sogenannten Religionen bestehen? Kann es denn überhaupt einen Gegensatz oder Antagonismus zwischen Buddha und Christus geben? Die unterschiedliche Interpretation, der Gegensatz, der Antagonismus liegt zwischen dir und mir, und wir tragen ihn einfach nur in ihrem Namen aus.

Religion kommt von denen, die die Wahrheit kennen, Sekten aber werden von denen organisiert, die nur hören und glauben. Und so gibt es zahllose Sekten – es gibt aber nur eine einzige Religion. Wie man die Wahrheit erkennt, ist einzigartig, aber die Erfahrung selbst ist für alle die gleiche. Beim Glauben ist das aber nicht so. Das Wissen ist eins, einzigartig, Glaubensbekenntnisse aber gibt es so viele, wie es Leute gibt, die glauben.

Religion ist das Ergebnis von *Darshan,* der Sicht der Wahrheit, während die Religionen das Ergebnis des Nichtsehens der Wahrheit sind. Religion gründet sich auf Menschen, die wissen; Religionen dagegen werden von Leuten organisiert, die nicht wissen – und trotz ihrer gutgemeinten Bemühungen wird Religion zur Irreligion. Durch die ganze Geschichte hindurch ist der Mensch Opfer dieses Fluches, dieses Widerspruchs in sich gewesen.

Die zweite Frage: *Können wir nicht über die Wahrheit nachdenken, ohne irgendein Konzept über sie zu entwickeln?*

Ich sage überhaupt nicht, ihr sollt denken. Das Denken kann niemals über das hinausführen, was ihr bereits wißt, und wenn ihr die Wahrheit nicht kennt, wie könnt ihr da über sie nachdenken? Das Denken bleibt immer innerhalb der Grenzen eurer Erfahrung. Es ist nur ein Brüten über das Wissen. Das Denken ist nie kreativ, es ist bloß Wiederholung. Was man nicht weiß, kann man auch nicht durch Denken wissen. Wenn ihr das Unbekannte kennen wollt, müßt ihr aus dem aussteigen, was ihr wißt. Um ins Unbekannte einzudringen, müßt ihr die Ufer des Bekannten verlassen.

Es ist darum besser, überhaupt kein Konzept über die Wahrheit zu bilden. Jedes dieser Konzepte ist absolut falsch, ein lebloses Wort ohne lebendige Bedeutung. Dieses Wort wird vielleicht von der Tradition respektiert, von Tausenden verehrt, von den *Shastras* gehütet, für euch aber wird es nicht den geringsten Wert besitzen. Es ist eine Sache, das zerbrochene Bild der Wahrheit durch den engen und beschränkten Rahmen dieses Wortes zu sehen, jedoch etwas ganz anderes, wenn der Rahmen wegfällt und ihr die ganze Weite des Himmels sehen könnt.

Der Himmel wird durch nichts eingeschränkt. Auch die Wahrheit wird durch nichts in Grenzen gehalten. Alle Rahmen sind vom Menschen gemacht; alle Konzepte sind vom Menschen gemacht. Falls ihr die Wahrheit erkennen möchtet, nehmt einen Schritt aus dem Rahmen hinaus. Vergeßt Worte und Gedanken und sogenanntes Wissen und verlaßt das Bekannte, damit das Unbekannte hereinkommen kann. Und gebt alle vom Menschen geschaffenen Konzepte auf. Dann erkennt ihr denjenigen, der niemandes Schöpfung ist, sondern selber die Grundlage aller Schöpfung.

Die dritte Frage: *Wie können wir ohne die Hilfe der* Shastras *die Wahrheit kennen? Sind sie denn nicht der einzige Weg, um die Wahrheit zu erfahren?*

Willst du damit sagen, daß auch die Wahrheit zerstört würde, wenn alle Schriften, alle *Shastras* zerstört würden? Hängt die Wahrheit denn von den *Shastras* oder hängen die *Shastras* von der Wahrheit ab? Mein Freund, die Wahrheit ist noch nie mit Hilfe der *Shastras* erlangt worden. Im Gegenteil, die *Shastras* wurden erlangt, wurden enthüllt, nachdem man die Wahrheit erkannt hatte. Es sind nicht die *Shastras,* die einen Wert besitzen, es ist die Wahrheit, die einen Wert besitzt. Das Fundamentale ist die Wahrheit, nicht die *Shastras.* Und wenn man die Wahrheit durch die *Shastras* erlangen könnte, wäre dies doch eine sehr billige Wahrheit. Ihr könntet sie erlangen, ohne euch selbst zu verändern.

Die *Shastras* können aber nur euer Gedächtnis füllen, sie können euch kein Wissen des Selbst vermitteln. Und hinsichtlich der Wahrheit hilft ein geübtes Erinnerungsvermögen nicht im geringsten. Für die Wahrheit müßt ihr den Preis der Selbsttransformation bezahlen. Die *Shastras* können euch zu einem Pandit machen, zu einem Gelehrten, sie können euch aber kein Wissen vermitteln. Die *Shastras* können jedoch weitere *Shastras* hervorbringen. Das liegt in der Natur der Dinge. Das Materielle kann nur das Materielle erzeugen. Wie könnte daraus aber je Wissen entstehen? Wissen ist eine Form von Bewußtsein. Es kann nicht aus unbewußter Materie geboren werden. Die *Shastras* sind ohne Leben, ohne Bewußtsein. Für die Wahrheit gilt das nicht. Die *Shastras* können nur das unbewußte, leblose Erinnerungsvermögen bereichern. Bewußtes Wissen kann man nicht durch sie erlangen, sondern nur dadurch, daß man in sich selbst eintaucht.

Du fragst, wie man denn ohne die Hilfe der *Shastras* die Wahrheit erkennen könne. Dem möchte ich entgegenhalten: Wie kannst du denn die Wahrheit erkennen, solange du dich auf die *Shastras* beschränkst? Es ist eine falsche Vorstellung, die Wahrheit liesse sich von jemand anderem erhalten, von den *Shastras* oder von einem Guru, denn das hindert euch, in eurem Innern danach zu suchen. Diese Vorstellung ist ein großes Hindernis. Auch das ist eine Suche im *Samsara,* in der Welt. Vergeßt nicht, daß die *Shastras* auch ein Teil der Welt sind. Alles, was außen ist, ist die Welt. Die Wahrheit ist hier, im Inneren, nicht außen –

innen, da wo das Selbst ist. Das Selbst ist die wahre *Shastra*. Es ist auch der einzig wahre Guru. Indem man ins Selbst eindringt, gelangt man zur Wahrheit.

Die vierte Frage: *Ist das, was der Intellekt als die Wahrheit betrachtet, nicht wahr?*

Der Intellekt denkt. Intellekt ist nicht Wissen. Denken heißt, im dunkeln zu tappen, es ist nicht Wissen. Die Wahrheit kann man nicht denken – man kann sie sehen, erfahren. Man kann sie nicht mit dem Intellekt erfahren, man erfährt sie, wenn der Intellekt ruhig und leer ist. Dieser Zustand des inneren Wissens ist Intuition. Intuition ist nicht Denken, es ist Einsicht. Wer die Wahrheit sehen möchte, für den ist Intuition wie das Erlangen des Augenlichts für einen Blinden. Durch Denken gelangt man nirgendwohin. Es ist ein endloses Umhertasten. Ein Blinder kann jahrelang umhertasten, wird er aber dadurch das Licht sehen können? Genauso wie keine Beziehung zwischen dem Herumtappen im dunkeln und dem Licht besteht, besteht auch keine Beziehung zwischen dem Denken und der Wahrheit. Sie gehören ganz verschiedenen Dimensionen an.

Die fünfte Frage: *Betrachtest du eine Vision von Krishna oder von Christus nicht als spirituelle Erfahrung?*

Nein, das sind keine spirituellen Erfahrungen. Keine

Vision ist eine spirituelle Erfahrung, denn auf dieser Ebene sind alle Erfahrungen psychologischer Natur. Solange man eine Vision oder Erkenntnis von jemand anderem hat, kann es sich nicht um das Erkennen von sich selbst handeln. Sogar in solchen Erfahrungen steht ihr immer noch außerhalb von euch selbst, seid ihr immer noch nicht zu euch selbst gekommen. Dieses Zu-sich-selbst-Kommen tritt erst ein, wenn keine äußeren Erfahrungen mehr da sind. Wenn sich das Bewußtsein nicht mehr auf ein Objekt bezieht, kommt es spontan in sich selbst zur Ruhe. Nur ein Bewußtsein ohne Objekt kann im Selbst ruhen.

Außerhalb von mir selbst bin ich von zwei Welten umgeben, der Welt der Materie und der Welt des Verstandes. Beide stehen außerhalb von mir. Nicht nur die Materie steht außerhalb, auch der Verstand steht außerhalb. Weil sich der Verstand im Körper befindet, schafft er die Illusion, im Inneren zu sein; der Verstand ist aber nicht im Inneren. Das Selbst ist im Inneren, hinter dem Verstand, jenseits des Verstandes.

Wir verwechseln unsere körperlichen Erfahrungen auch nicht mit spirituellen Erfahrungen. Doch unsere psychologischen Erfahrungen schaffen die Illusion, sie seien spirituell, denn die geistigen Bilder, die wir sehen, unterscheiden sich von jenen aus der bekannten Welt, und wir sehen sie nur, nachdem wir die Augen geschlossen haben. Unter den geistigen Erfahrungen betrachten wir die Träume ja auch nicht als spirituelle Erfahrungen, auch wenn diese ebenfalls nur auftauchen, wenn wir die Augen geschlossen halten; aber das Erwachen, der Kontakt mit der Außenwelt, setzt ihnen ein Ende.

Es gibt gewisse geistige Erfahrungen, die die Illusion erschaffen, wirklich und spirituell zu sein. Es sind aber mentale Projektionen. Der Verstand besitzt die Fähigkeit, sich selbst zu hypnotisieren, bis zu einem solchen Grad, daß er die Träume, die er bei geschlossenen Augen sieht, auch noch mit offenen Augen sehen kann. Das geschieht in einer Art von Wachschlaf. Und so sehen wir dann Gott, wie wir ihn sehen wollen – als Krishna oder Christus. Solche Visionen sind rein mentale Projektionen, in denen wir nicht sehen, was wirklich ist, sondern wen auch immer wir zu sehen wünschen. Diese Erfahrungen sind weder spirituell noch göttlich. Sie sind bloß psychologische Erfahrungen und werden durch Selbsthypnose hervorgerufen.

Die sechste Frage: *Wie kann man dann Gott sehen?*

Das Wort »sehen« ist hier irreführend. Es läßt einen annehmen, es gäbe jemanden zu sehen, und das Wort »Gott« selber schafft die Illusion einer Person, einer Persönlichkeit. Es gibt keinen Gott als Person. Es gibt Göttlichkeit; es gibt eine Kraft. Es gibt keine Person, sondern eine Kraft. Gott ist ein unendlicher Ozean von Energie, ein unendlicher Ozean des Bewußtseins. Er manifestiert sich in allen Formen. Als Schöpfer ist Gott nicht getrennt; er selbst ist die Schöpfung. Er selbst ist kreative Wirklichkeit. Er ist Leben.

Solange man vom Ego umgeben ist, schafft das die Illusion des Getrenntseins, als sei man vom Leben getrennt. Das ist eure Distanz, eure Trennung von Gott. In Wirklichkeit ist aber keine Distanz oder Trennung möglich – allein die Illusion des »Ich« ist die Distanz. Diese Trennung besteht wegen unserer Unwissenheit. Tatsächlich ist die Unwissenheit die Trennung. Eigentlich gibt es gar keine wirkliche Trennung.

Die unendliche, grenzenlose kreative Lebenskraft, die man mit der Auflösung des Egos erkennt, ist Gott. Die Erfahrung, die man nach dem Tod des »Ich«, nach der Auslöschung des Egos hat, ist die wahre Vision Gottes. Und was sehe ich dann? Nirgends sehe ich ein »Ich«; nirgendwo sehe ich »jenes«, das »andere«. Was in den Wellen des Ozeans ist, ist in mir; was im neuen Frühling ist, erblüht in mir; was in den fallenden Herbstblättern ist, ist in mir. Nirgendwo bin ich getrennt vom kosmischen Wesen. Ich bin in ihm; ich bin es. Das ist die wahre Vision Gottes. Ein Seher hat gesagt: »*Tattvamasi svetaketu* – Du bist das.« Am Tag, wo ihr dies fühlt und erfahrt, habt ihr Gott erkannt. Alles was weniger oder anders ist als dies, ist nur Einbildung.

Was ist die Vision Gottes, wenn nicht die Identifikation des Selbst mit ihm? Was ist die Vision des Ozeans für einen Regentropfen? Er kann nur seine Identität verlieren und zum Ozean selbst werden! Solange er ein Regentropfen ist, bleibt der Ozean getrennt, sehr weit entfernt von ihm; wenn er aber einmal seine Identität verliert, sein Wesen, ist er mit dem Ozean eins. In Wirklichkeit ist der Tropfen zum Ozean geworden.

Sucht ihr nach Gott? Sucht das Erlangen der Göttlichkeit. Der Pfad dieser Suche ist der gleiche wie jener des Regentropfens auf seiner Suche nach dem Ozean.

Die siebte Frage: *Ich vertraue auf Gott; du sagst aber, Vertrauen sei schädlich. Soll ich mein Gottvertrauen aufgeben?*

Liegt die Antwort auf deine Frage nicht in der Frage selbst? Welchen Wert besitzt ein Glauben, den man behalten oder aufgeben kann, ganz wie man will? Es ist nur ein blindes gedankliches Konzept, das eindeutig wertlos ist. Es ist blinder Glauben, und je weniger blind ihr durch das Leben geht, desto besser.

Ich sage nicht, ihr sollt glauben, ich sage, ihr sollt wissen. Nur ein Zustand des Geistes, den man durch Wissen erlangt hat, durch Erkenntnis, besitzt einen Wert. Ihr könnt es rechten Glauben nennen, wenn ihr wollt; es ist aber kein Glauben, es ist Wissen. Glaubt nicht an eine vage Binsenwahrheit. Sucht nach der Wahrheit. Sucht sie. Aber klammert euch nicht an irgendeinen Glauben oder an ein Konzept. Das ist ein Zeichen der Schwäche des Geistes. Es ist Lethargie; es ist ein Mangel an Einfühlsamkeit. Ihr schadet euch selbst, wenn ihr euch vor der Arbeit, euch selbst zu sehen, drücken wollt .

Blinder Glaube ist eine Flucht vor der *Sadhana,* vor der Mühe der Selbsterkenntnis. In einem gewissen Sinn ist es nichts anderes als Selbstmord, denn wenn man einmal in diesen Abzugskanal gefallen ist, wird man unfähig, den Gipfel der Wahrheit zu erklimmen. Diese Pfade führen euch in zwei entgegengesetzte Richtungen. Einer führt zum Graben, in den ihr fallt; der andere führt zum fernen Gipfel, den ihr erklimmen müßt.

Gottvertrauen ist einfach, denn so braucht man nichts zu tun. In dieser Hinsicht ist Erkenntnis nicht so einfach.

Erkenntnis ist die komplette Transformation des Lebens. Glaube ist die äußere Kleidung, Erkenntnis die innere Revolution. Anstatt euch zu erlauben, den Gipfel der Versöhnung zu erreichen, nach dem euer Geist strebt, kann euch ein einfaches Gottvertrauen leicht in den Schlummer blinden Glaubens zurückwerfen. Religion ist nicht Glauben, doch die Religionen sind es leider. Für mich ist Religion nicht das, was die Konzepte der Weltreligionen zu sein scheinen. In dieser Beziehung hat Karl Marx recht, wenn er die Religionen als Opiate brandmarkt, liegt aber völlig falsch, wenn er dasselbe von der wahren Religion sagt!

Man hat euch gesagt, ihr sollt an die *Shastras,* an die Worte Gottes, an die Lehren glauben. Ich sage das in keiner Weise. Ich sage: Vertraut auf euch selbst. Nur indem ihr euch selbst kennt, könnt ihr auch verstehen, was die *Shastras* gesagt haben, was Gott gesagt hat. Solange man sich nicht selbst vertraut, ist auch jedes Befolgen eines Glaubens umsonst. Könnt ihr etwa auf jemand anderes Füßen stehen? Buddha sagte: »Sei deine eigene Lampe. Sei deine eigene Zuflucht. Es gibt keine richtige Zuflucht außer dem eigenen Selbst.« Und ich sage das gleiche.

Eines Abends verabschiedete ein gewisser *Sadhu* einen anderen *Sadhu,* der bei ihm zu Gast gewesen war, und dieser sagte: »Die Nacht ist sehr dunkel. Wie kann ich beim Gehen etwas sehen?« Der Gastgeber zündete eine Lampe an und gab sie seinem Gast. Als dieser jedoch die Treppen hinunterstieg, blies der Gastgeber die Lampe aus. Der Ort war wieder ganz vom Dunkel eingehüllt. Dann sagte der Gastgeber: »Meine Lampe wird deinen Pfad nicht erleuchten können. Dafür mußt du schon eine eigene Lampe haben.« Der Gast verstand den Rat des *Sadhus,* und dieses Verständnis wurde zu einer solchen Lampe auf dem Pfad seines eigenen Lebens, daß sie nie wieder ausgelöscht werden konnte.

Sadhana ist nicht nur ein Teil des Lebens, sie muß unser ganzes Leben durchdringen – im Stehen, im Sitzen, im Sprechen, im Lachen. Sie muß immer gegenwärtig sein, nur dann wird sie spontan. Religion besteht auch nicht aus einem speziellen Akt, einer Andacht oder einem Gebet. Sie ist ein Lebensstil, in dem alles im Leben zu Andacht und Gebet wird. Sie ist kein Ritual, sie ist ein Lebensstil. In dieser Religion sind nicht unsere Handlungen religiös, es ist das Individuum, das religiös ist. Kein Verhalten ist religiös, das Leben ist religiös.

Nur wenn man frei ist von den Fesseln des Egos, des »Ichs«, kann sich das Bewußtsein über das Individuum erheben und eins mit dem Ganzen werden. Genau wie ein irdener Krug das Wasser vom Ozean trennt, hält der Tonkrug des Egos das Individuum von der Wahrheit getrennt.

Was ist dieses Ego, dieses »Ich«? Habt ihr jemals in euch selbst danach gesucht? Es existiert nur, weil ihr noch nie danach gesucht habt. Als ich selbst versuchte, es zu finden, merkte ich, daß es gar nicht existiert. Geht in einem ruhigen Augenblick tief in euch hinein und seht. Ihr werdet das »Ich« nirgendwo finden. Das »Ich« existiert nicht. Es ist reine Illusion, die wir wegen ihrer gesellschaftlichen Notwendigkeit in die Existenz gesetzt haben. Genauso wie ihr einen Namen besitzt, habt ihr auch ein Ego. Beide sind nutzvoll, sie haben von einem praktischen Gesichtspunkt aus einen Wert, sind aber nicht wirklich. Was in euch ist, hat weder Namen noch Ego.

Man kann nicht ins *Nirvana,* ins *Moksha,* in die Befreiung, in die Seele, in den *Atman* eintreten. Wie könnt ihr an einen Ort gelangen, den ihr gar nie verlassen habt? Was passiert also? Wie ich schon sagte, gibt es keinen Eingang ins *Nirvana*; was aber passiert, ist folgendes: Die Welt, in der wir waren, löst sich auf wie ein Traum, und wir finden uns in uns selbst. An sich ist diese Erfahrung überhaupt nicht wie ein Eintreten, es ist mehr, als würdet ihr euch selbst nach dem abrupten Abbruch einer Reise, die ihr im Traum gemacht habt, in eurem Bett wiederfinden. Da ihr nirgendwohin gegangen seid, kehrt ihr auch nicht von irgendwo zurück; da ihr nichts verloren habt, ist das Gerede, etwas zu erlangen, sinnlos. Ihr träumt nur; euer Reisen und Suche spielt sich in einem Traum ab. Ihr braucht nicht irgendwohin zu gehen oder irgendetwas zu finden. Ihr braucht nur aufzuwachen.

Das Erkennen der Wahrheit ist immer vollkommen, immer komplett. Und diese Erfahrung, dieses Erlangen ist nicht graduell. Es ist keine Evolution, es ist eine Revolution. Wacht etwa jemand progressiv, graduell aus einem Traum auf? Entweder träumt man, oder man träumt nicht. Ein Zwischenstadium gibt es nicht.

Sicher, die *Sadhana* mag lange dauern, das Erkennen der Wahrheit jedoch kommt wie ein Blitzschlag – in einem Augenblick und in seiner ganzen Totalität. Das Erkennen als solches benötigt keine Zeit, denn alles, was über eine gewisse Zeitperiode hinweg passiert, ist immer graduell, progressiv. Die *Sadhana* benötigt eine gewisse Zeitspanne, die Erkenntnis jedoch benötigt überhaupt keine Zeit. Sie liegt jenseits der Zeit.

Um die Wahrheit zu erkennen, genügt keine *Sadhana* des Gutseins und der Entsagung. Das ist eine unvollständige *Sadhana.* Für das Erkennen der Wahrheit ist es wichtig, sich über beides, Gut und Böse, Liebe und Haß, über *Samsara* und *Moksha,* die Welt und die Befreiung von ihr zu erheben. Diesen Zustand nennt man in unserer Sprache *Veetaragata,* der Zustand jenseits von Verbundenheit und Losgelöstheit. *Veetaraga Chaitanya,* wunschloses Bewußtsein, ist der Zustand, in dem weder Liebe noch Haß, weder Gut noch Böse herrschen, sondern wo nur reines *Chaitanya,* reines Bewußtsein, Standfestigkeit in sich selbst herrscht. Das Erkennen der Wahrheit erfolgt nur in diesem Zustand.

Ihr müßt einen sorglosen und wachsamen Geisteszustand pflegen. Ihr müßt diesen geistigen Zustand mit euch verweben, so wie der Atem mit eurem ganzen Leben Tag und Nacht verwoben ist. Ihr sollt in jeder Aktivität unberührt und aufmerksam sein, indem ihr das Nicht-Tun im Tun übt – so wie ein Schauspieler sich völlig bewußt ist, daß er nur spielt, wenn er seine Rolle verkörpert. Er ist nicht betroffen von der Figur und verliert sich nicht unbewußt in ihr. Auch wenn er spielt, bleibt er doch losgelöst. So müßt ihr werden, und so müßt ihr bleiben.

Solange jemand wachsam bleibt, während er mit einer Tätigkeit beschäftigt ist, ist es für ihn nicht schwierig, unbetroffen zu bleiben. Es ist die natürliche Folge des Beobachtens. Ich gehe auf der Straße. Wenn ich das Gehen voll beobachte, fühle ich, wie ich gehe und gleichzeitig auch nicht gehe. Das Gehen passiert auf der physischen Ebene, auf der Ebene des Bewußtseins aber gibt es kein Gehen. Ihr werdet das gleiche spüren, während ihr eßt oder andere Dinge tut. Ein Punkt in euch bleibt Zeuge. Er ist weder der Handelnde noch der Genießer. Je tiefer die Erfahrung dieses Zeugeseins wird, desto mehr lösen sich die Gefühle des Glücks und der Trauer langsam auf – und dann erkennt ihr jenes absolute und reine Bewußtsein, *Atman*, euer Selbst.

Was ist der Verstand? Er ist sowohl der Sammler als auch die Sammlung von allem, was von den Sinnen erfaßt wird. Wer immer seinen Verstand als sein Selbst ansieht, hat den Diener mit dem Meister verwechselt. Und wenn ihr euer wahres Selbst erkennen möchtet, müßt ihr aufgeben, was ihr wißt, und ihr müßt jemandem folgen, der weiß. Der Verstand ist nur das, worüber man etwas weiß; das Selbst ist das Mittel, mit dem man alles weiß.

Der Zeuge, der Wissende ist das Selbst. Dieses Selbst unterscheidet sich von der Geburt und vom Tod, von *Maya* und *Moksha*, von Illusion und Befreiung. Es ist nur ein Zeuge, Zeuge von allem – vom Licht, von der Dunkelheit, von der Welt, vom *Nirvana*. Das Selbst steht jenseits aller Dualitäten.

Sobald jemand diesen Zeugen kennt, wird er wie ein Lotus – getrennt vom Schlamm, in dem er geboren wurde, und losgelöst vom Wasser, in dem er lebt. Ein solcher Mensch ist in allen Lebenslagen ruhig und gesammelt – im Vergnügen und im Schmerz, in der Ehre und in der Demütigung – denn er ist nur ein Zeuge. Was immer auch geschieht, geschieht. Es geschieht aber nicht ihm selbst, es geschieht vor ihm. Er bleibt Zeuge. Er wird wie ein Spiegel. Ein Spiegel reflektiert Tausende von Bildern, aber kein Eindruck bleibt zurück.

Ein alter *Sadhu* kam zusammen mit einem jungen Gefährten ans Ufer eines Flusses. Der junge Mann fragte: »Wie sollen wir den Fluß überqueren?« Der alte Mann antwortete: »So, daß deine Füße nicht naß werden.« Der junge Mann hörte ihn, und wie ein Blitz wurde ihm etwas ganz klar und deutlich. Der Fluß kam und ging, der geheimnisvolle Spruch jedoch war tief in sein Herz eingedrungen. Er wurde zum Leitprinzip seines Lebens. Er lernte, den Fluß zu überqueren, ohne sich die Füße zu benetzen!

Ihr solltet wie dieser junge Mann werden – wie jemand, der ißt und trotzdem fastet, wie jemand, der sich mitten in einer Menschenmenge befindet und trotzdem allein ist, wie jemand, der schläft und doch wach ist – denn nur ein solcher Mensch erlangt die Freiheit in der Welt und findet Gott in jedem Stein.

Jemand hat gesagt, der Geist sollte nicht die Welt enthalten, und die Welt sollte den Geist nicht beschäftigen. Das ist der Lehrsatz, den man befolgen muß. Und wenn die erste Hälfte dieser Maxime erfüllt ist, folgt die zweite Hälfte ganz von selbst. Die erste Hälfte ist die Ursache, die zweite ihre Wirkung. Wer aber mit der zweiten Hälfte beginnt, begeht einen Fehler. Ich sage deshalb nur so viel vom Leitsatz: Laßt den Geist nicht die Welt enthalten. Was darauf folgt, ist keine Maxime, es ist die Konsequenz. Wenn der Geist nicht die Welt enthält, wird die Welt nie den Geist beschäftigen. Was nicht im Geist enthalten ist, kann ihn auch nie beschäftigen.

Im *Samadhi* gibt es kein Objekt zu erkennen, man kann deshalb den Zustand des *Samadhi* auch nicht ein Wissen nennen. Es ist jedenfalls kein Wissen im üblichen Sinn, obwohl es gleichzeitig auch keine Unwissenheit ist. Es gibt nichts, mit dem man wissen könnte. Es ist weder Wissen noch Unwissenheit. Es ist weder Kenntnis noch Unkenntnis eines Objekts, denn es gibt gar kein Objekt mehr. Es gibt nur noch Subjektivität. Es gibt nur denjenigen, der weiß. Es gibt kein Wissen irgendeines Objektes, es gibt nur noch reines Wissen – Bewußtsein ohne Inhalt.

Jemand fragte einen *Sadhu:* »Was ist Meditation?« Er antwortete: »In dem zu sein, was nahe liegt, ist *Dhyana,* Meditation.«

Was liegt euch nahe? Ist nicht alles außer euch selbst getrennt von euch? Nur ihr selbst steht euch nahe. Ihr verlaßt aber ständig euer Selbst und seid immer weit von ihm entfernt. Ihr befindet euch immer irgendwo in der Nachbarschaft. Im Selbst und nicht in der Nachbarschaft zu verweilen ist Meditation. Wenn ihr nirgendwo seid und auch euer Verstand nirgendwo ist, seid ihr trotzdem noch irgendwo. Dieses Irgendwo ist Meditation.

Wenn ich nirgendwo bin, bin ich in meinem Selbst. Das heißt, nicht in der Nachbarschaft zu sein; das heißt, nicht abwesend zu sein. Das ist Innerlichkeit; das ist Intimität. Nur dort kann man zur Wahrheit erweckt werden. Ihr habt alles verloren, weil ihr euch in der Nachbarschaft aufhaltet; alles kann aber wiedergewonnen werden, wenn ihr in euch selbst seid.

Ich sage nicht, ihr sollt der Welt entsagen, ich sage, ihr sollt euch selbst transformieren. Indem ihr die Welt verneint, transformiert ihr euch nicht, wenn ihr euch aber verändert, hört die Welt für euch zu existieren auf. Wahre Religion ist nicht weltverneinend, sie ist selbsttransformierend. Denkt nicht an die Welt, sondern an die Art, wie ihr die Welt seht. Das müßt ihr ändern. Denn aus *ihr* existiert die Welt, und wegen *ihr* seid ihr gefangen. Sobald man die Sichtweise ändert, ändert sich auch die ganze Schöpfung. *Samsara,* die Welt, ist nicht verkehrt. Der Fehler liegt an euch und eurer Sichtweise.

Yoga ist die Wissenschaft der Transformation des Lebens, der Selbsttransformation. Durch Selbstanalyse gelangt die Physik zum Atom und zur Atomenergie; Yoga jedoch gelangt zum Geist und zur geistigen Energie. Durch ersteres wird das in der Materie verborgene Geheimnis entdeckt, durch letzteres enthüllt sich die Welt, die sich im Selbst verbirgt.

Aber Yoga ist wichtiger als Wissenschaft, denn es gibt nichts Wichtigeres im Universum als das Selbst. Der Mensch befindet sich nicht mehr im Gleichgewicht, weil er viel über die Materie, aber nichts über sich selbst weiß. Er hat gelernt, in die unermeßlichen Tiefen des Ozeans hinabzutauchen und in erstaunliche Höhen aufzufliegen, er hat aber vergessen, wie er sich in sich selbst zurückziehen kann. Das ist ein selbstmörderischer Zustand. Genau darin besteht unser Elend. Yoga kann dieses Gleichgewicht wiederherstellen, und darum ist die Lehre des Yoga auch eine Notwendigkeit.

Nur durch Yoga kann die Geburt eines neuen Menschen im wahren Sinne des Wortes stattfinden – und nur so kann das Fundament zu einer neuen Menschheit gelegt werden. Die Wissenschaft hat die Materie erobert, und jetzt muß sich der Mensch selbst erobern. Seine Eroberung der Materie hat es unausweichlich gemacht, daß er sich jetzt selbst erkennt und erobert. Sonst wird seine Herrschaft über die unbegrenzten Kräfte der Materie, über die Atomkraft, seine eigene Zerstörung herbeiführen, denn Macht in den Händen von Unwissenden ist immer tödlich.

Wenn die Wissenschaft in die Hände der Unwissenden fällt, ist die Kombination von Wissenschaft und Unwissenheit gezwungenermaßen zerstörerisch – wenn aber die Wissenschaft in den Händen der Wissenden liegt, führt sie zur Geburt einer ungekannten kreativen Energie, die die Welt in ein Paradies verwandelt.

Darum sage ich euch, daß die Zukunft und das Schicksal des Menschen jetzt in den Händen des Yoga liegen. Yoga ist die Wissenschaft der Zukunft, denn es ist die Wissenschaft des Menschen.

Der Abschied

Ein einziger Augenblick der Entschlossenheit, von *Sankalpa,* von absoluter Entschlossenheit genügt, wogegen ein ganzes Leben ohne sie nichts ist. Denkt daran, es ist nicht die Zeit, die zählt, sondern die Entschlossenheit. Die Errungenschaften der Welt erlangt man im Reich der Zeit, während man die Errungenschaften der Wahrheit im Reich der Entschlossenheit erlangt. *Sankalpa,* Entschlossenheit, muß in eurer *Sadhana* lebendig sein.

Was soll ich euch also heute sagen? Wir werden uns heute abend trennen, und ich sehe, daß eure Herzen bereits schwer sind bei diesem Gedanken. Erst vor fünf Tagen sind wir hier an diesem einsamen Ort zusammengekommen. Wer dachte damals an die Abreise?

Vergeßt aber nicht, daß im Zusammenkommen bereits Auseinandergehen liegt. Es sind zwei Seiten der gleichen Münze. Wenn sie auch verschieden zu sein scheinen, gehören sie doch immer zusammen. Weil sie getrennt und zu verschiedenen Gelegenheiten sichtbar sind, lassen wir uns zu der falschen Annahme verleiten, sie seien nicht miteinander verbunden. Wenn ihr aber etwas tiefer geht, seht ihr, daß das Zusammenkommen selbst schon ein Auseinandergehen ist, daß Glück auch Leid ist und daß sogar die Geburt der Tod ist. Es besteht eigentlich kaum ein Unterschied zwischen dem Kommen und dem Gehen – oder genauer, es besteht überhaupt kein Unterschied. Im Leben ist es dasselbe. Ihr seid kaum angekommen, und schon setzt der Prozeß des Gehens ein; und was unser Verstand für Bleiben hält, ist nur eine Vorbereitung zum Gehen.

Was ist denn der Abstand zwischen Geburt und Tod wirklich? Die Distanz zwischen den beiden kann endlos sein. Wenn diese Distanz zwischen Geburt und Tod, das Leben also, zu einem Streben nach Selbstverwirklichung wird, kann sie kein Ende haben. Wenn das Leben zur *Sadhana* wird, zu einer Reise der Selbstverwirklichung, kann der Tod zu *Moksha,* zur Befreiung werden. Während Geburt und Tod nicht weit auseinander liegen, ist die Zeitspanne zwischen *Moksha* und Tod unendlich. Diese Distanz ist so groß wie jene zwischen Körper und Seele, zwischen einem Traum und der Wahrheit. Diese Distanz ist viel größer als alle anderen Abstände zusammengenommen. Keine zwei Punkte liegen weiter auseinander als *Moksha* und der Tod.

Die Illusion, wonach »ich der Körper bin«, ist der Tod; die Erkenntnis, daß »ich die Seele bin«, ist die Befreiung, die Erlösung, *Moksha.* Und euer Leben ist eine Gelegenheit zur Erlangung der Wahrheit. Falls ihr diese Gelegenheit richtig nutzt und nicht unnötig vergeudet, wird die Distanz zwischen Geburt und Tod unendlich.

Auch zwischen eurem Kommen und Gehen hier, kann die Distanz sehr groß sein – eine enorme Distanz in den wenigen Tagen, die wir hier verbracht haben. Könnte es nicht sein, daß ihr nicht mehr die gleichen seid, wenn ihr zurückkehrt, wie damals, als ihr kamt? Könnte es nicht sein, daß ihr als ganz neue und veränderte Menschen zurückkehrt?

Wenn ihr wollt, kann sich diese Revolution oder Transformation in einem Augenblick vollziehen. Fünf Tage sind noch zuviel. Wenn sogar fünf frühere Geburten zuwenig gewesen sind, warum von fünf Tagen reden? Ein einziger Augenblick des Willens, der absoluten Entschlossenheit genügt. Ein ganzes Leben ohne Entschlossenheit ist nichts.

Denkt daran, daß Entschlossenheit und Zeit wichtig sind. Die Errungenschaften der Welt werden in der Zeit erlangt; jene der Wahrheit in der Entschlossenheit. Die Intensität der *Sankalpa,* der Entschlossenheit, gibt einem Augenblick die unermeßliche Tiefe und unendliche Weite. Tatsächlich hört in der Intensität der *Sankalpa* die Zeit zu existieren auf, und nur die Ewigkeit bleibt übrig.

Entschlossenheit führt zu eurer Befreiung von der Zeit und verbindet euch mit der Ewigkeit. Laßt eure Entschlossenheit tief und intensiv sein. Laßt sie jeden Atemzug durchfluten. Laßt sie in eurer Erinnerung sein, schlafend oder wachend. Nur durch sie kann eine Neugeburt stattfinden, eine Geburt, die keinen Tod kennt. Das ist die wahre Geburt. Es gibt eine Geburt, die Geburt des physischen Körpers, die unvermeidlich im Tod endet; ich nenne sie aber nicht die wahre Geburt. Wie könnte etwas, was im Tod endet, der Anfang des Lebens sein?

Es existiert aber noch eine andere Geburt, die nicht im Tod endet. Das ist die wahre Geburt. Ihre Erfüllung liegt in der Unsterblichkeit. Zu dieser Geburt habe ich euch hierher eingeladen, und zu dieser Geburt habe ich euch die letzten paar Tage aufgerufen. Wir haben uns hier zu genau dieser Geburt versammelt. Aber bloß hier zusammenzukommen hat keinen Wert. Wenn ihr ganz werdet, wenn ihr eins werdet und mit dem Durst eures eigenen Wesens ruft, wird euch die Entschlossenheit eures ganzen Wesens in die Gegenwart der Wahrheit bringen. Die Wahrheit liegt sehr nahe, doch ihr braucht Entschlossenheit, ihr braucht Willen, um zu ihr zu gelangen. Der Durst nach Wahrheit ist in euch, es braucht aber auch Entschlossenheit dazu. Dieser Durst wird nur dann zur *Sadhana,* wenn er Hand in Hand mit Entschlossenheit geht.

Was bedeutet »Entschlossenheit«?

Ein Mann fragte einst einen Fakir nach dem Weg, um zu Gott zu gelangen. Der Fakir blickte ihm in die Augen und sah den Durst. Der Fakir war gerade auf dem Weg zum Fluß; er bat den Mann, ihn zu begleiten, und versprach, ihm den Weg zu zeigen, wie man zu Gott gelangt, nachdem sie ein Bad genommen hätten.

Sie kamen zum Fluß. Sobald der Mann aber ins Wasser gesprungen war, packte der Fakir seinen Kopf und drückte ihn mit großer Kraft unter Wasser. Der Mann fing zu kämpfen an, um sich aus dem Griff des Fakirs zu lösen. Sein Leben war in Gefahr. Er war viel schwächer als der Fakir, aber seine verborgenen Kräfte regten sich langsam, und schon bald konnte ihn der Fakir nicht mehr unter Wasser halten. Der Mann gab sein Letztes, und es gelang ihm schließlich, aus dem Fluß zu kommen. Er war schockiert. Der Fakir lachte laut, er aber konnte dessen Verhalten nicht verstehen.

Nachdem sich der Mann beruhigt hatte, fragte ihn der Fakir: »Welche Wünsche kamen dir in den Sinn, als du unter Wasser warst?« Der Mann erwiderte: »Wünsche! Es waren keine Wünsche da außer dem einen: Luft zu holen.« Der Fakir sagte: »Hier liegt das Geheimnis, um zu Gott zu gelangen. Das ist Entschlossenheit. Und deine Entschlossenheit weckte all deine verborgenen Kräfte auf.«

In einem wahren Augenblick intensiver Entschlossenheit werden große Kräfte mobilisiert – und so kann man die Welt verlassen und in die Wahrheit eintreten. Allein durch Entschlossenheit kann man von der Welt in die Wahrheit gelangen; durch Entschlossenheit allein kann man vom Traum zur Wirklichkeit aufwachen.

In diesem Augenblick, in der Stunde des Auseinandergehens, möchte ich euch an folgendes erinnern: Es braucht Entschlossenheit. Und was sonst? Es braucht Entschlossenheit und Beständigkeit in eurer *Sadhana.* Eure *Sadhana* muß beständig sein. Habt ihr je einen Wasserfall gesehen, wie er von den Bergen herunterfällt? Er ist ein ständiger Wasserstrom, der sogar riesige Felsen zersetzen kann. Wenn jemand unaufhörlich versucht, die Felsen der Unwissenheit zu zerstören, werden sich diese Felsen, die am Anfang unbezwingbar schienen, eines Tages in Staub verwandeln. Und dann findet man seinen Weg.

Der Pfad ist zweifellos da, um gefunden zu werden; versucht aber nicht, einen zu finden, der schon ausgetreten ist. Ihr müßt ihn selbst finden, durch eure eigenen Bemühungen. Und welche Würde das einem Menschen gibt! Wie sehr ehrt es uns doch, wenn wir die Wahrheit durch unsere eigenen Bemühungen erlangen! Mahavira wollte genau das sagen, als er von der Erlangung der Wahrheit durch Mühsal sprach.

Die Wahrheit wird nicht als barmherziges Almosen gegeben, sie muß erzwungen werden. Ihr braucht Entschlossenheit, ein ständiges Bemühen, und noch etwas: unendliche Geduld. Wahrheit ist unendlich, endlos, und darum braucht es auch unendliche Geduld, um darauf zu warten. Gott erscheint nur nach endlosem Warten. Wer keine Geduld hat, kann nicht zu Gott gelangen. Auch daran wollte ich euch noch erinnern.

Zum Schluß fällt mir noch eine Geschichte ein, die ich euch erzählen möchte. Obwohl erfunden, ist sie doch absolut wahr.

Ein Engel ging an einem Ort vorüber, wo ein alter *Sadhu* saß. Der *Sadhu* sagte zum Engel: »Frag Gott bitte, wie lange es dauert, bis ich *Moksha,* bis ich die Befreiung erlange.« Neben dem *Sadhu* lebte ein neu-initiierter *Sannyasin.* Er saß unter einem Banyan-Baum. Der Engel fragte den jungen *Sannyasin,* ob auch er wünsche, daß er sich bei Gott über seine *Moksha* erkundige. Der *Sannyasin* sagte jedoch kein Wort. Er war still und ruhig.

Nach einer gewissen Zeit kam der Engel zurück. Er sagte zum alten *Sadhu:* »Ich fragte Gott über deine *Moksha.* Er sagt, es dauere noch drei weitere Leben.« Der alte Mann wurde wütend, und seine Augen wurden blutunterlaufen. Er warf seinen Rosenkranz weg und sagte: »Noch drei Leben! Das ist ja grauenhaft!«

Dann ging der Engel zum jungen Mann und sagte zu ihm: »Ich fragte Gott auch wegen dir. Er sagte, du müßtest deine *Sadhana* noch so viele Leben üben, wie Blätter am Banyanbaum sind, unter dem du sitzt.« Der junge *Sannyasin* war überglücklich, und seine Augen füllten sich mit Freudentränen. Er sprang auf und fing zu tanzen an. »Das heißt, daß ich angekommen bin! Es gibt so viele Bäume in der Welt und so viel Blätter an jedem! Und wenn ich schon nach nur so wenigen Leben zu Gott gelange, wie Blätter an diesem kleinen Banyanbaum hängen, bin ich doch praktisch schon angekommen.«

Auf diese Art werden die Früchte der Wahrheit geerntet. Und kennt ihr das Ende dieser Geschichte? Der junge *Sannyasin* tanzte weiter und weiter, und in diesem Augenblick wurde er frei und gelangte zu Gott. Ein Augenblick ruhiger und unendlicher Liebe und Geduld war alles. Dieser Augenblick wurde zur Befreiung. Das nenne ich unendliche Geduld. Und wer unendliche Geduld hat, erlangt alles hier und jetzt. Diese Geisteshaltung selbst ist das letztliche Erlangen. Seid ihr bereit, so lange zu warten? Mit dieser Frage möchte ich mich von euch verabschieden.

Möge euch Gott die Stärke geben, damit der Fluß eures Lebens zum Ozean der Wahrheit gelangen kann. Das ist mein Wunsch und mein Gebet.

Über Osho

Osho wurde am 11. Dezember 1931 in Kuchwada, Madhya Pradesh, Indien, geboren. Seit seiner frühesten Kindheit war er rebellisch und unabhängig und bestand darauf, die Wahrheit selber zu erfahren und nicht Wissen und Glauben von andern anzunehmen.

Nach seiner Erleuchtung im Alter von einundzwanzig Jahren beendete er seine akademischen Studien und lehrte als Professor einige Jahre Philosophie an der Universität von Jabalpur. Währenddessen reiste er in ganz Indien herum, hielt Vorträge vor Zehntausenden von Zuhörern. Er forderte die orthodoxen religiösen Führer in öffentlichen Debatten heraus und stellte traditionelle Glaubenssysteme in Frage.

Ende der sechziger Jahre entwickelte Osho seine berühmten dynamischen Meditationstechniken. Fünf Jahre später entstand um ihn herum eine Kommune in Poona. Nach und nach strömten Tausende von Besuchern aus dem Westen zu ihm.

1981 reiste Osho nach Amerika, nach Oregon. In einem abgelegenen Tal in der Wüste wurde die Stadt Rajneeshpuram gegründet. Von Anfang an war dies der Reagan-Regierung ein Dorn im Auge. An die fünftausend Sannyasins nahmen an diesem Experiment teil. Zu den Festivals, die einmal im Jahr stattfanden, kamen bis zu zwanzigtausend Besucher.

Vier Jahre später wurde Osho gezwungen, Amerika zu verlassen, und seine abenteuerliche Odyssee durch die ganze Welt begann. Über zwanzig Länder verweigerten ihm die Einreise.

1986 traf er in Bombay ein, um kurze Zeit später wieder nach Poona überzusiedeln. Der Ashram wurde modernisiert, und bald strömten die Suchenden aus allen Kontinenten der Welt herbei.

Osho hat als Folge einer Vergiftung, die ihm während der Untersuchungshaft durch Agenten der amerikanischen Regierung zugefügt wurde, seinen Körper am 19. Januar 1991 verlassen.

Seine große Kommune in Indien ist weiterhin das größte Zentrum für spirituelles Wachstum. Tausende von Besuchern aus der ganzen Welt nehmen dort an Meditationen teil, machen bei kreativen Programmen mit oder erfahren sich einfach in einem »Buddhafeld«. Der Ashram vergrößert sich laufend. Heute gehören auch Tennisplätze und ein Swimmingpool dazu.

Legende

Atman: Seele
Ashram: Gemeinschaft um einen Meister
Avatar: Erleuchteter
Brahma: Schöpfer
Buddhafeld: Energiefeld des Meisters
Chaitanya: Bewußtsein
Darshan: Sehen
Dharma: Religion/Zufriedenheit/unsere Natur/Selbsterkenntnis
Dhyana: Meditation
Fakir: Transzendiert den Körper durch Yoga
Guru: Meister
Karma: Pfad der Aktion
Maya: Welt der Illusion
Moksha: Befreiung
Nirvana: Erkenntnis von Gott
Sadhana: Erkenntnis der Wahrheit/Weg/Pfad
Sadhu: Sucher
Samadhi: Erleuchtung/Zustand der Vollkommenheit
Samsara: Welt
Sankalpa: Entschlossenheit
Sannyas: Erwachen des Wissens/Selbsterkenntnis
Sat-chit-anand: Sein-Bewußtsein-Glückseligkeit
Satsang: Gesellschaft seiner selbst/Wahrheit
Shastras: Heilige Schriften
Shunya: Leere
Teerthankara: Erleuchteter
Veetaragya Chaitanya: Wunschloses Bewußtsein
Yoga: Religion

Zu Füßen des Meisters

Eine exquisite Auswahl von bisher unveröffentlichten *Darshan*-Gesprächen, die den unverwechselbaren O-Ton zwischen Osho und »seinen Leuten« in aller Frische wiedergeben.

Während zu Oshos allmorgendlichem Vortrag jedermann Zugang hatte, versammelte man sich zum allabendlichen Darshan (wörtlich: Sehen) nur im kleinsten Kreise: Osho ließ sich dann Zeit, auf die individuellen Fragen seiner täglich wechselnden Gäste einzugehen – im Chuang-Tzu-Auditorium, also genau dort, wo Oshos Freunde auch heute noch, still in sich gekehrt, »zu Füßen des Meisters« sitzen.

»Jeder Buddha stiftet eine Kommune. Die Kommune ist sein Energiefeld. Die Kommune sind die Menschen, die mit ihm verbunden sind. Die Kommune ist eine alternative Gesellschaft ... eine kleine Oase in der Wüste, in der Welt.

... Ein Ort, wo man Anfänger sieht, wo man die Leute sieht, die schon ein wenig weiter fortgeschritten sind als die Anfänger, und die Leute, die schon fast die Mitte der Reise erreicht haben, und die Leute, die schon über die Mitte hinausgegangen sind, und dann die, die kurz vor dem Ziel sind; und mindestens einen Meister, der angekommen ist.«

Band 1, Taschenbuch, bebildert, mit vielen alten Geschichten über Buddha, Zen-Meister und Sufi-Mystiker.
4-farbiger Umschlag, ca. 200 Seiten, ISBN 3-909910-01-7.

Mojud – Der Mann mit dem unerklärlichen Leben

Eine alte Sufigeschichte, kommentiert von Osho

»Die Geschichte, mit der wir uns heute befassen, ist eine der großartigsten Geschichten. Sie hat jenes besondere Aroma, wie es nur Sufi-Geschichten besitzen. Sie ist unvergleichlich. Wenn ihr diese Geschichte verstehen könnt, habt ihr das innerste Geheimnis der Religion verstanden. Wenn ihr diese Geschichte aber nicht verstehen könnt, könnt ihr Religion überhaupt nicht verstehen.

Was hier steht, gehört zum eigentlichen Fundament religiösen Bewußtseins. Ohne es kann es keine religiöse Transformation geben. Hört euch darum diese Geschichte so aufmerksam wie nur möglich an. Laßt sie tief in euch hineinsinken. Diese Geschichte kann eine Tür öffnen; diese Geschichte kann eine so radikale Veränderung in eurem Leben auslösen, daß ihr vielleicht nie wieder dieselben sein werdet. Die Geschichte muß aber ganz genau und mit viel Umsicht und Liebe verstanden werden, denn es ist eine sonderbare Erzählung«.

Dieses Buch ist kein gewöhnliches Buch. Es ist ein Geschenk für uns alle, eine Geschenk des erleuchteten spirituellen Meisters Osho

Weitere Deutsche Osho-Bücher

Zarathusthra – Ein Gott, der tanzen kann
Osho über Friedrich Nietzsches »Also sprach Zarathustra«.
»Friedrich Nietzsche ist vielleicht der größte Philosoph, den die Welt je gesehen hat. Er ist auch noch in einer anderen Dimension groß – von der viele Philosophen nicht einmal wissen: Er ist ein geborener Mystiker.«

Sprengt den Fels der Unbewußtheit
In diesen dokumentarischen Aufzeichnungen der abendlichen Gespräche zwischen Osho und seinen Freunden sieht man dem spirituellen Meister bei der Arbeit quasi über die Schulter.

Das Herz-Sutra
Osho spricht über Buddha. »Buddha ist einer von den ganz großen Gurus. Seine Botschaft ist die größte, die der Menschheit je ausgehändigt worden ist. Und dieser Text hier ist eine der größten Schöpfungen Buddhas überhaupt.«

Beziehungsdrama oder Liebesabenteuer
Ein Lesebuch über die kniffligsten Beziehungskisten, den aussichtslosen Kampf der Geschlechter, über Frauen, Gattinen, Emanzen und Geliebte, Männer, Gatten, Machos und Liebhaber, über Eifersucht und Treue und – las but not least – Einsamkeit und Alleinsein.

Liebe beginnt nach den Flitterwochen
Osho spricht über Liebe und Haß, Beziehungen und Eifersucht, Mann und Frau, Ehe und Besitzenwollen.

Perversion - was ist denn das?
Zum Thema »Sex und Pornographie«.

Sexualität & AIDS

»Aus meiner Sicht ist AIDS eine spirituelle Krankheit. Der Mensch ist an einem Punkt angekommen, wo er sieht, daß hier der Weg zu Ende ist. Rückkehr ist sinnlos, nach vorn führt keine Straße. Vor ihm gähnt der Abgrund. In dieser Situation ist es nicht verwunderlich, wenn er seinen Trieb, seinen Willen zum Leben verliert.«

Tantra, Spiritualität und Sex

»Sex darf nicht einfach Sex bleiben - so sagt die tantrische Lehre. Sex muß in Liebe verwandelt werden.«

Gold Nuggets - Neue Texte zur Kunst des Seins

Auf seiner Weltreise 1986 hielt Osho etwa 200 Vorträge. Die schönsten Auszüge sind in diesem Buch enthalten.

Kunst kommt nicht von Können

Textsammlung zum Thema Kreativität. »Kreativität hat nichts mit einer bestimmten Aktivität zu tun, mit Malen, Dichten, Tanzen, Singen. Sie hat mit nichts Bestimmtem zu tun. Alles kann kreativ sein – du bringst diese Qualität in die Handlung ein.«

Worte eines Mannes ohne Worte

Eine Textauswahl aus Vorträgen, die Osho unmittelbar nach Beendigung seines vierjährigen Schweigens in Amerika gehalten hat. Aphorismen von großer Tiefe und Schönheit; liebevoll illustriert mit 30 Bleistiftzeichnungen.

Leben, Lieben, Lachen

»Lebe das Leben so gefährlich wie möglich. Lebe das Leben total, intensiv, leidenschaftlich ... Liebe kann hier und jetzt das Paradies schaffen ... Lachen bringt euch wieder in eure Energie.«

Das neue Kind

Eine Textauswahl zum Thema Erziehung.

Das Ultimatum: Der neue Mensch oder globaler Selbstmord

»Der neue Mensch ist die Todeserklärung des alten Menschen und die Geburt eines absolut frischen Geschöpfes – ohne Konditionierungen, ohne Nation, ohne Religion, ohne Diskriminierung zwischen Mann und Frau, Schwarz und Weiß, Ost und West oder Nord und Süd ...«

Die grösste Herausforderung: Die goldene Zukunft
Dieses Buch ist eine Einladung an all die chronischen Optimisten, die spüren, daß wir die Zukunft noch in der Hand haben, die spüren, daß unsere schöne Erde und ihre Bürger noch vor der Selbstzerstörung bewahrt werden können.

Die Zukunft gehört den Frauen
Neue Dimensionen der Frauenbefreiung. »Meine Vision zum kommenden Zeitalter ist, daß es das Zeitalter der Frau sein wird. Der Mann hat es fünftausend Jahre lang versucht und ist gescheitert. Nun muß die Frau eine Chance bekommen.«

Homosexualität und Frauenbewegung
Provozierende Analysen, neue Perspektiven.

Priester & Politiker: Die Mafia der Seele
»Ihr sollt wissen, wer die wahren Verbrecher sind. Das Problem ist, daß diese Verbrecher für große Führer, Weise, Heilige und Mahatmas gehalten werden; also muß ich all diese Leute entlarven. Denn sie sind die Wurzel.«

Das Buch der Geheimnisse
Dieses Buch gibt viele wertvolle Hinweise für alle, der sich durch die Wissenschaft der Meditation verwandeln möchten. Es enthält 16 Diskurse von Osho.

Das Orangene Buch – Die Meditationstechniken Oshos
Dieses Buch ist ein Geschenk, eine Fundgrube an Meditationstechniken, die Osho seinen Schülern im Laufe der Jahre geschenkt hat. Mit diesen Methoden kann man spielen, sie helfen, die Reise nach innen zu einem Fest zu gestalten.

Das Zen-Manifest – Freiheit von sich selbst
Die westliche Intelligenz hat sich in den letzten Jahren mehr und mehr von Zen angezogen gefühlt. Osho macht auf seine Art und Weise deutlich, was er unter dem Unterschied zwischen Zen-Gelehrtentum und Zen-Erfahrung versteht. Mit einem Vorwort von Swami Satyananda (J.A. Elten).

Der Höhepunkt des Lebens – Über Tod und Sterben
»Der Mensch, der den Tod fürchtet, hängt zu sehr am Leben; aber die Ironie ist, daß er, gerade weil er zu sehr am Leben hängt, nicht erkennen kann, was Leben ist.«

Dynamisch Meditieren
Die beiden wichtigsten und bekanntesten Meditationen von Osho, die Dynamische und die Kundalini-Meditation, werden hier in aller Klarheit und Ausführlichkeit dem Interessierten zugänglich gemacht. 20 farbige Illustrationen, Ringbuch mit Meditationskassette (2 x 60 Min.).

Esoterische Psychologie
Osho setzt an dem Punkt ein, an dem die westliche Psychologie aussetzt. Osho untersucht hier die vielen Schichten des menschlichen Bewußtseins – unsere sogenannten »sieben Körper« – als Stufenleiter der spirituellen Evolution.

Jenseits der Grenzen des Verstandes
»Die Grenze der Therapie liegt da, wo Meditation beginnt, und die Grenze der Meditation liegt da, wo Erleuchtung beginnt.«

Meditation: Die erste und letzte Freiheit
Dieses Buch bietet eine Fülle von genauen Anleitungen zu den verschiedensten Meditationstechniken von Osho, zusammengestellt aus über hundert Büchern Oshos, in denen sich seine mehr als zwanzigjährige Erfahrung mit Zehntausenden von Meditierern aus allen Kulturen der Welt widerspiegelt – ein Handbuch der Meditation.

Tantrische Vision, Band 1
Über buddhistisches Tantra. »Die tantrische Vision liefert den geheimen Schlüssel, wie man Sinnliches zu Übersinnlichem, Materie zu Geist, Unbewußtheit zu Bewußtheit transformieren kann.«

Tantra, die höchste Einsicht
Vor tausend Jahren entstand in Tibet aus der tiefen Kommunion zwischen dem erleuchteten Meister Tilopa und seinem Schüler Naropa »Der Gesang vom Mahamudra.«

Jenseits von Psychologie, Band 1
Diese »Talks«, entstanden auf Oshos Weltreise 1986 in Uruguay, gehören zu den Juwelen seines Werkes. Im engsten Kreis seiner Reisegefährten entschlüsselt Osho hier die tiefsten Geheimnisse der Meditation und entlarvt die Lebenslügen der modernen Zivilisation.

Das Klatschen der einen Hand
»Es gibt eine zweite Welt der Musik: ungespielte Musik. Spieler und Gespieltes sind nicht mehr zwei – der Musiker ist zu Musik geworden. Das ist das Klatschen der einen Hand.«

Die Gans ist raus
Zen ist das Thema dieser letzten zehn »Talks«, in denen Osho im März 1981 kurz vor seinem Aufbruch nach Amerika Fragen seiner Schüler beantwortet hat.

Und vor allem nicht wackeln
Abendliche Gespräche, in denen Osho seinen Schülern persönliche Ratschläge und humorvolle Ermunterungen gibt.

Mein Weg: Der Weg der weißen Wolke
Fragen und Antworten, 1974. Anhand von persönlichen, gesellschaftlichen und spirituellen Fragen stellt Osho seine revolutionäre Vision vor und gibt ganz pragmatische und direkte Anregungen für den Menschen der Moderne. Ein Klassiker.

Die Alchemie der Verwandlung
Osho kommentiert Martin Bubers chassidische Geschichten. Eine wunderschöne Einführung in die heitere Welt der jüdischen Mystik Osteuropas.

Komm und folge ... zu dir! Band 4
Osho greift das berühmte Jesuswort »Komm und folge mir« auf und gibt ihm seinen tiefsten Sinn: Wer einem erleuchteten Meister folgt, der folgt im Grunde niemandem – außer seinem ureigensten inneren Potential.

Die verbotene Wahrheit
Osho äußert sich zum verloren geglaubten Evangelium des Apostels Thomas, das als Ketzerevangelium verboten wurde. Das Dokument wurde 1945 in Ägypten gefunden.

Die verborgene Harmonie
Vorträge über die Fragmente des Heraklit. »Wenn man sich Heraklit aussetzt, bekommt man es mit der Angst zu tun, denn er öffnet einem die Tür zum Leben, und das Leben ist paradox.«

Nicht bevor du stirbst
Osho kommentiert zehn orientalische Parabeln. Er führt uns in die geheime Welt der arabischen Sufi-Mystik, die der Starre des offiziellen Islams das Herz entgegensetzt.

Nirvana, die letzte Hürde auf dem Weg
Fünf Zen-Anekdoten; Fragen und Antworten. Der Wunsch nach Nirvana ist die letzte Hürde: »Erst wenn alle Wünsche verschwunden sind und du allein zurückbleibst, bricht der Gesang aus und verbreitet er sich über die ganze Schöpfung.«

Yoga: Alpha und Omega, Band 1
Über Patanjalis Urtexte der Yoga-Lehre (3000 v. Chr.). Der erste (und einzige auf Deutsch erschienene) von zehn Bänden, in denen Osho die wissenschaftlichen Grundlagen von Yoga erläutert.

Osho Times/Osho Neo-Tarot

Die Osho Times International (Deutsche Ausgabe)

Diese Zeitung ist Oshos Vision gewidmet; sie dient der Transformation des Bewußtseins und der Wiederentdeckung von Lebensfreude, Liebe und Lachen.
Sie ist keine New-Age-Zeitung. Oshos Worte, die das Herz der Zeitung ausmachen, gehen mit dem scharfen Skalpell eines erleuchteten, artikulierten Bewußtseins den gesellschaftlichen und religiösen Lügen unserer Zeit an die Wurzeln. Und sie zeigen den Ausweg: Meditation.

Erscheint zweimal im Monat. Osho Verlag, Köln.

Osho Neo-Tarot

Ein völlig neues Tarot-Konzept. Jede der 60 farben-frohen Karten steht für eine Grundlektion des Lebens. Mit Anleitungsheft.

Vertrieb:

Buchhandel

Deutschland:
Osho Verlag, Venloer Straße 5 - 7,
50672 Köln
Telefon: 0221-57 40 743, Fax: 52 39 30.

Schweiz:
Mingus AG, Asylstraße 11, 8032 Zürich,
Telefon: 01-252 20 12.

Österreich:
Dr. Franz Hain, Verlagsauslieferungen,
Dr.-Otto-Neurath-Gasse 5, 1220 Wien,
Telefon: 01-22 65 65, Fax: 22 65 65 33.

Privat

Alle Bücher sind im Buchhandel und in den Osho Meditationszentren sowie beim Osho Verlag, Köln und bei Mingus AG, Zürich erhältlich.

Bitte Gesamtprogramm anfordern.

Osho Meditation Center:

Osho UTA
Institut für spirituelle Therapie und Meditation
Venloer Straße 5-7
D-50672 Köln
Telefon: 0221-57 407 30/31

Osho TAO
Zentrum für spirituelle Therapie und Meditation
Klenzestraße 41
D-80869 München
Telefon: 089-202 40 90

Osho Parimal
Multiversity
Gut Hübenthal
D-37218 Witzenhausen
Telefon: 05542-5227

Osho Tabaan
Meditationscenter Hamburg
Karolinenstraße 7-9
D-20357 Hamburg
Telefon: 040-432 21 40

Mingus
Osho Meditation Center
Asylstraße 11
CH-8032 Zürich
Telefon: 01-252 20 12

Bitte Programm anfordern.

Für weitere Informationen über Osho wende man sich bitte an:

Osho Commune International
17, Koregaon Park
Poona 411001 (MS), India